3 Lisez le sondage et … **nne matière.**
Read the survey an … *bject.*

a Salut! Je m'appe … toire mais
je n'aime pas la géographie.

b Bonjour. Moi, c'est Jessica! Je déteste les maths, ça
m'ennuie, mais la géo, c'est génial!

c Je m'appelle Samuel. Pour moi le français c'est passionnant
mais je trouve l'histoire trop difficile.

d Mon nom, c'est Karine. Les maths, bof … c'est ennuyeux
mais par contre, l'anglais c'est chouette.

e Coucou, c'est Élodie! L'allemand c'est épouvantable mais
en anglais j'ai de très bonnes notes!

f Salut! Moi, c'est Luc. Je trouve l'anglais plutôt intéressant.
Je n'aime pas l'histoire-géo, surtout la géographie!

1 La langue préférée des élèves, c'est ____________________.

2 Deux filles pensent que ____________________ c'est ennuyeux.

3 Un seul garçon aime l'____________________.

4 Deux garçons n'aiment pas ____________________.

5 Un garçon trouve ____________________ passionnant.

4 Pour chacune de ces phrases, écrivez son contraire.
Write the opposite to these sentences.

Exemple: Je n'étudie pas l'anglais car c'est ennuyeux.
J'étudie l'anglais car c'est intéressant.

a Je n'aime pas les maths parce que c'est inutile.

____

b J'étudie le dessin parce que c'est intéressant.

____

c J'aime la géographie car je n'ai pas beaucoup de devoirs.

____

d Je n'aime pas l'histoire car la prof est horrible.

____

e J'aime le français parce que c'est facile.

____

5 Complétez les phrases en suivant cet exemple.
Complete these sentences following the example.

Exemple: À  on a 

À neuf heures on a informatique.

a À  on a  ______________________________

b À  on a  ______________________________

c À  on a  ______________________________

d À  on a  ______________________________

e À  on a  ______________________________

6a Regardez l'emploi du temps de Medhi et indiquez si les phrases sont vraies (V) ou fausses (F).
Look at Medhi's timetable and write V *next to the true sentences and* F *next to the false ones.*

	lundi	**mardi**	**mercredi**	**jeudi**	**vendredi**	**samedi**
8h	français	anglais	histoire-géo	physique	italien	français
9h	français	techno	italien	informatique	étude	instruction civique
10h	**récréation**					
10h15	anglais	techno	français	dessin	anglais	histoire-géo
11h15	biologie	étude	français	dessin	maths	
12h15	**pause de midi**					
14h	maths	latin		musique	latin	
15h	maths	italien		maths	EPS	
16h	histoire-géo			latin	EPS	

a Medhi a trois heures d'études le mardi. ______

b Il a sport le vendredi. ______

c Il n'a pas cours le mercredi après-midi. ______

d Il finit à quatre heures le lundi. ______

e Il étudie trois langues étrangères. ______

f Il ne va pas au collège le dimanche. ______

LSB

Métro 4 Vert
Cahier d'exercices

Stéphanie Fleet

Heinemann

VERT

1 Études

1 Pouvez-vous relier les phrases aux images?
Can you match the sentences to the pictures?

a J'ai oublié mon cahier.

b Excusez-moi d'être en retard.

c Je n'ai pas fait mes devoirs.

d Je peux aller aux toilettes?

e Peut-on utiliser un dictionnaire?

f Comment dit-on 'monkey' en français?

g Pardon? Pouvez-vous répéter s'il vous plaît?

h Je ne comprends pas.

1

2

3

4

5

6

7

8

2 Remplissez les blancs avec les mots ci-dessous.
Fill in the blanks with the words underneath.

un bic des un blackboard un une
cahier exercise book taille-crayon

Remember to check the genders of the words.

une	trousse	*a pencil-case*
___________	bâton de colle	*a glue stick*
___________	ciseaux	*scissors*
un	___________	*a biro*
___________	livre	*a book*
un	tableau	*a* ___________
un	___________	*a sharpener*
___________	règle	*a ruler*
___________	___________	___________

6b Corrigez les phrases qui ne sont pas correctes.
Correct the sentences that are wrong.

7 Écrivez la lettre de chaque salle dans le plan.
Write the letter of each room on the plan.

a la salle d'informatique
b la bibliothèque
c la cour
d la salle des professeurs
e la salle de permanence
f la salle de dessin
g le gymnase
h les vestiaires
i le labo de langues
j la salle d'histoire

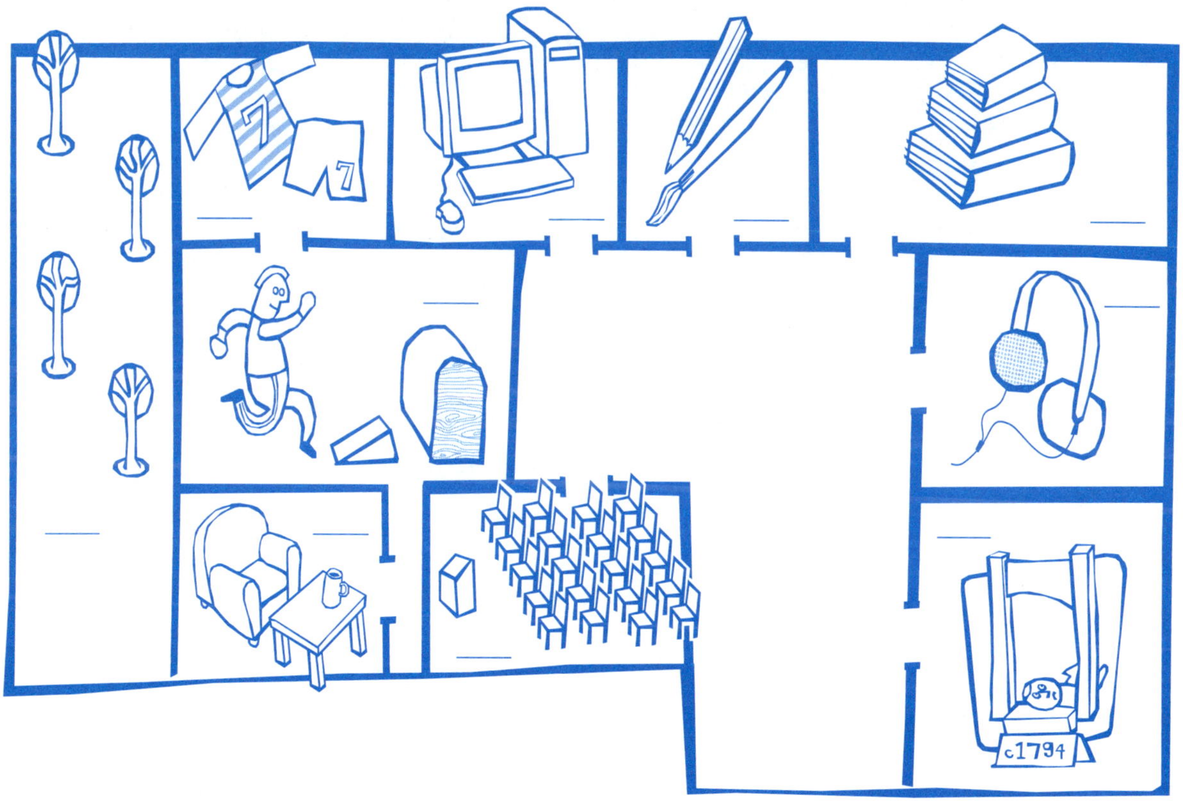

8a Lisez la lettre de Céline qui décrit son collège et faites les exercices ci-dessous.
Read Céline's letter about her school and answer the questions beneath.

Chère Sally,

Comme tu me l'as demandé, je t'envoie quelques lignes pour te décrire mon collège. Mon C.E.S. s'appelle Arthur Rimbaud. Il y a 900 élèves et environ 50 professeurs. Le collège est assez petit et nous n'avons pas de piscine comme à ton collège mais c'est bien quand même car il y a beaucoup de clubs à midi, comme le club photo ou le club théâtre. Moi, je vais au club de hand-ball. Magali (tu te souviens d'elle?) va tous les jeudis au club philatélie. À mon avis ce club, c'est un peu ennuyeux … Denis, son frère, va à celui de poésie. Ça, c'est passionnant! Je trouve que le collège en Angleterre ce n'est pas mal mais je pense que l'uniforme c'est très démodé et peu pratique. Ici on porte ce que l'on veut, on respecte plus la liberté des élèves, je trouve …

En plus on a plus de vacances que vous, une semaine à la Toussaint, deux à Noël, deux en février, deux à Pâques et on finit fin juin. Alors, tu viens vivre chez nous en France?

Amitiés

Céline

Trouvez dans la lettre:
Find in the letter:

5 clubs ______________________________

3 opinions ______________________________

2 périodes de vacances ______________________________

8b Utilisez la lettre pour écrire votre propre lettre sur votre collège.
Now use this letter to write your own letter about your school.

____

____

____

____

____

____

____

____

Use everything you have done in class so far. Don't forget to include some opinions and use as many accurate tenses as you can. You could also use the answers to the speaking questions.

9 **Projets d'avenir: rejoignez les débuts aux fins de phrases.**
Future plans: join the beginnings of sentences to the ends.

a	Cette année	**1**	on les passe en juin.
b	Après le collège	**2**	je prépare mon BEPC.
c	Plus tard, comme métier	**3**	ce sera la fête!
d	Les examens normalement	**4**	je voudrais aller à l'université.
e	Si je réussis mon examen	**5**	je voudrais être pompier.

10 **Et vous, qu'allez-vous faire après le collège? Écrivez un paragraphe de cinq lignes.**
And what about you? What will you do after school? Write a paragraph of five lines.

Remember to use the near future: aller + the infinitive; it is much easier that way!

Grammaire

1 Remplissez les blancs avec le bon mot.
Fill in the gaps with the correct words.

un	une	des
le	la	les
mon	ma	mes

Use this grid and check the genders (feminine or masculine) of the words in a dictionary. Also ask yourself: are these words singular (one) or plural (more than one)?

a __________ cours commencent à huit heures et finissent à six heures.

b __________ matière préférée est __________ géographie.

c Je n'aime pas beaucoup ni __________ français ni __________ maths.

d Je prends __________ car tous __________ matins.

e __________ copains s'appellent Olivier et Franck.

f Nous mangeons __________ sandwichs à __________ cantine.

2 Aller + infinitif. Écrivez des phrases grammaticalement correctes.
'Going to'. Write sentences that are grammatically correct.

a	Tu	allons	faire tes devoirs.
b	Sophie	vont	pouvoir utiliser notre dico.
c	Je	va	aller à son cours de piano.
d	Nous	vas	aller à mon cours de français.
e	Ils	allez	aller à notre leçon de musique.
f	Jean et moi	va	aller à leur club de danse.
g	Elles	vont	terminer nos études.
h	Marc	allons	manger leurs sandwichs.
i	Agnès et toi	vais	quitter votre collège.
j	On	va	écouter son nouveau CD.

Rappel

je vais	mon, ma, mes
tu vas	ton, ta, tes
il va	son, sa, ses
elle va	
on va	
nous allons	notre, notre, nos
vous allez	votre, votre, vos
ils vont	leur, leur, leurs
elles vont	

À l'oral

1 À quel collège vas-tu?

> You will get more marks if you answer in full sentences.

2 Tu commences et tu finis à quelle heure?

3 Il y a combien d'élèves et combien de professeurs?

> Giving opinions will improve your marks.

4 Quelles matières est-ce que tu fais?

5 Quelle est ta matière préférée et pourquoi?

6 Quelles sont les qualités d'un bon professeur?

> Try to use as many tenses as you can.

7 Décris ton uniforme.

8 Qu'est-ce que tu penses de ton collège?

9 Ce matin, comment es-tu arrivé(e) au collège?

10 Qu'est-ce qu'on n'a pas le droit de faire à ton collège?

11 Qu'est-ce que tu vas faire après les examens?

12 Parle-moi du collège en France.

VERT

2 Chez moi

1 Regardez l'arbre généalogique d'Anaïs et dites si les phrases ci-dessous sont vraies, fausses ou pas mentionnées.
Look at Anaïs' family tree and decide whether the sentences are true, false or not mentioned.

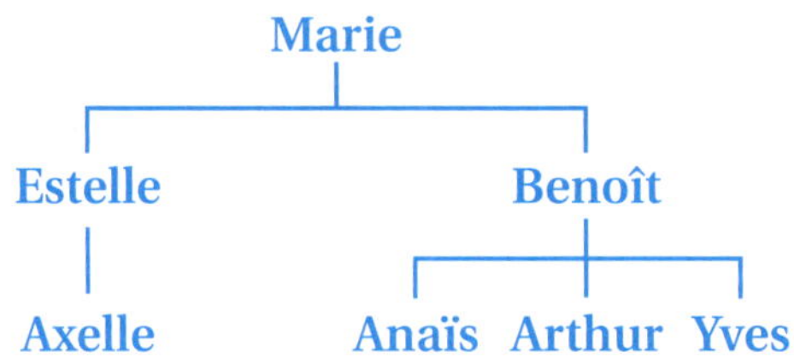

a Le père d'Anaïs s'appelle Benoît.
b Anaïs est fille unique.
c Les parents d'Anaïs sont séparés.
d Anaïs a deux cousines.
e La belle-mére d'Anaïs s'appelle Marie.

2a Écrivez une fiche d'identité pour une personnalité de votre choix. Vous pouvez inventer les détails!
Fill in the form for a celebrity of your choice. You can invent some of the details!

1 Nom: ....

2 Prénom: ....

3 Date de naissance: ....

4 Domicile: ....
....
....

5 Nombre de frères et sœurs: ....
....

6 Qualités: ....
....

7 Défauts: ....
....

2b Maintenant complétez le texte.
Now complete the text.

Il/Elle s'appelle ______________________. Il/Elle est né(e) le ______________________.

Il/Elle habite ______________________. Il/Elle ______________________. Il/Elle est

______________________ mais ______________________.

3 Mettez les mots de chaque phrase dans le bon ordre.
Put the words in the right order.

a quatre blanches j'ai souris ______

b j'ai noirs oiseaux deux ______

c as animal un tu ______

d n'ai je d'animal pas ______

e perdu chien j'ai mon ______

4 Écrivez ces dates en chiffres.
Write these dates in figures.

a Le premier juillet ______

b Le trente et un août ______

c Le vingt-cinq décembre ______

d Le seize juin ______

e Le quatorze janvier ______

5 Écrivez ces dates en mots.
Write these dates in words.

a 05/02 ______

b 15/03 ______

c 01/05 ______

d 12/10 ______

e 27/07 ______

6 Faites un dessin du voleur recherché par la police.
Draw the thief the police are looking for.

Il est petit et gros. Il a de grands yeux verts. Il a une barbe et une moustache. Il porte une boucle d'oreille mais il ne porte pas de lunettes. Ses cheveux sont blonds, longs et raides.

7a Trouvez le sens des mots que vous ne connaissez pas dans le dictionnaire et cochez les adjectifs qui vous correspondent.
Find the meaning of the words you do not know in a dictionary and tick the adjectives that describe you.

sympa honnête bavard(e) marrant(e) travailleur/euse
intelligent(e) égoïste casse-pieds sage poli(e) bête équilibré(e)

7b Écrivez maintenant un petit paragraphe sur vous en utilisant les expressions suivantes.
Now write a small paragraph about yourself using the following expressions.

un peu *(a little)*
très *(very)*
plutôt *(rather)*
assez *(quite)*

Don't forget to use the feminine form if you are female.
Try to include some negative sentences:

Je ne suis pas	***I am not***
pas du tout	***not at all***
pas très	***not very***
ni … ni	***neither … nor***

Je suis ______________________

____

____

____

____

7c Écrivez trois phrases pour un garçon que vous connaissez puis faites la même chose pour une fille.
Write three sentences for a boy you know then write another three for a girl.

Il est … Elle est …
Il n'est pas … Elle n'est pas …

a ______________________
b ______________________
c ______________________

a ______________________
b ______________________
c ______________________

8 Reliez les phrases aux images.
Link up the sentences with the pictures.

1 Je déteste passer l'aspirateur. — a 

2 Débarrasser la table, ça va. — b 

3 J'ai horreur de sortir la poubelle. — c 

4 J'adore faire du jardinage. — d 

5 Je ne fais jamais les courses. — e 

6 Je lave souvent la voiture. — f 

9 Écrivez une liste de ce que Clément fait pour aider à la maison et de ce qu'il ne fait pas.
Make a list of what Clément does to help at home and what he does not do.

Exemple: **a** Il fait la cuisine.
b Il ne fait pas son lit.

✓	✗
a 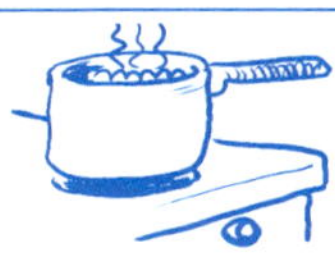 c  e 	b  d  f 

a ______________________________

b ______________________________

c ______________________________

d ______________________________

e ______________________________

f ______________________________

10a Lisez ces quatre lettres et décidez à quelle image elles correspondent.
Read these four letters and decide which picture they correspond to.

Bonjour Irma,

Voilà, mon problème c'est que j'ai trop de boutons. Je me trouve très moche et je pense que je n'aurai jamais de petit ami! Je suis désespérée.

Aide-moi!
Josiane

Chère Irma,

Moi mon problème c'est que je ne m'entends pas avec mes parents. Ils ne me comprennent pas et on se dispute toujours! Je ne peux jamais sortir. Est-ce que je dois quitter la maison?

Alexandre

Irma, aide-moi, je t'en prie!

Ma copine m'a quitté il y a un mois. Je ne peux pas vivre sans elle!

Xavier

Chère Irma,

Au secours! Tous les ans, c'est la même chose: j'ai peur au mois de juin au moment des examens. As-tu un remède contre ça?

Sylvie

a

C'est ______________________

b

C'est ______________________

c

C'est ______________________

d

C'est ______________________

10b Pouvez-vous expliquer le problème de ces jeunes en anglais?
Can you explain these young people's problems in English?

Josiane: ______________________

Alexandre: ______________________

Xavier: ______________________

Sylvie: ______________________

10c Lisez les réponses d'Irma et trouvez à qui elles correspondent.
Read Irma's answers and find who they are for.

a Parles-en à tes profs. Pour ______________

b Discutes-en avec elle. Pour ______________

c Achète un bon produit en pharmacie. Pour ______________

d Quitter la maison n'est pas une solution! Pour ______________

11a Vous avez trouvé ce message sur un site. Pouvez-vous répondre aux questions en français?
You found this message on a website. Can you answer the questions in French?

Fichier Edition Affichage Insertion Format Outils Message

Répondre Répondre à tous Transférer

Chers internautes!

Je suis Émilie Dupuis et je cherche à correspondre avec des jeunes sur le web. J'habite à Bécherel, un petit bourg près de Rennes. J'ai deux frères mais je n'ai pas de sœur. Mon frère ainé s'appelle Bruno. Il a dix-huit ans. Mon autre frère s'appelle Benjamin: il aura trois ans en décembre. Moi, j'ai quatorze ans. Mon anniversaire, c'est le vingt-six juin. J'ai une chienne qui s'appelle Didou et une perruche qui s'appelle Violette.

Je suis de taille moyenne. J'ai les yeux marron et les cheveux bruns. Je suis plutôt timide et je suis travailleuse. Je m'entends bien avec mes frères mais ils m'énervent quelquefois quand je dois faire mes devoirs et que Bruno écoute sa musique très fort et Benjamin regarde les dessins animés à la télé!

À la maison j'aide beaucoup. C'est moi qui fais la cuisine et le ménage mais je ne fais jamais le jardinage!

J'ai besoin d'amis. Si vous aimez faire de l'ordinateur, correspondez avec moi!

Amitiés,

Émilie

a Où habite Émilie? ______

b A-t-elle des frères ou des sœurs? ______

c A-t-elle un animal? ______

d C'est quand son anniversaire? ______

e Comment est-elle physiquement? ______

f Quelle sorte de personne est-elle? ______

g Est-ce qu'elle s'entend bien avec ses frères? ______

h Que fait-elle pour aider à la maison? ______

11b Maintenant écrivez un message à Émilie en donnant le même type d'information.
Now write an answer to Émilie giving the same type of information.

______

______

______

______

______

Grammaire

1 **En utilisant les conjugaisons suivantes, remplissez les blancs.**
Fill in the blanks using the following verbs.

Être *(to be)*	**Avoir** *(to have)*	**Faire** *(to do)*
Je suis	J'ai	Je fais
Tu es	Tu as	Tu fais
Il/elle/on est	Il/elle/on a	Il/elle/on fait
Nous sommes	Nous avons	Nous faisons
Vous êtes	Vous avez	Vous faites
Ils/elles sont	Ils/elles ont	Ils/elles font

a Élodie ________ casse-pieds. *(être)*

b Mes parents ________ trois enfants. *(avoir)*

c Nous ________ le ménage le week-end. *(faire)*

d Elles ________ la vaisselle dans la cuisine. *(faire)*

e Tu ________ un animal? *(avoir)*

f Vous ________ des yeux bleus. *(avoir)*

g Vous ________ jolie. *(être)*

h Je ________ petit. *(être)*

2 **Maintenant apprenez-les par cœur. Quand vous croyez les connaître, testez-vous!**
Now learn them off by heart. When you think you know them, test yourself!
Comment dit-on?
How do you say?

a *I do* ________________

b *I am* ________________

c *I have* ________________

d *He does* ________________

e *We are* ________________

f *They have* ________________

3 **Regardez l'exemple ci-dessous et trouvez les bons accords.**
Look at the example below and find the right agreements.

Mon père *(masc sing)* **est amusant.**
Ma mère *(fem sing)* **est amusant<u>e</u>.**

Mes frères *(masc pl)* **sont amusant<u>s</u>.**
Mes sœurs *(fem pl)* **sont amusant<u>es</u>.**

a Ma mère est ______________. (grand)

b Ma tante est ______________. (petit)

c Mon oncle est ______________. (mince)

d Mes parents sont ___________. (grand)

e Mes nièces sont ________. (équilibré)

f Mes frères sont ________________. (bête)

g Ma belle-sœur est ____________. (bavard)

h Mes grands-parents sont ________. (sévère)

i Ma femme est ______________. (aimable)

j Mes cousines sont ______________. (sage)

À l'oral

1 Comment t'appelles-tu?

2 Comment ça s'écrit?

3 Quelle est la date de ton anniversaire?

4 As-tu des frères ou des sœurs?

5 Comment s'appelle(nt)-t-il(s)/s'appelle(nt)-t-elle(s)?

6 Quel âge a-t-il/a-t-elle/ont-ils/ont-elles?

7 As-tu un animal à la maison?

8 Décris-toi physiquement.

9 Quelle sorte de personne es-tu?

10 Tu t'entends bien avec tes parents?

11 Décris une copine/un copain.

12 Qu'est-ce que tu fais pour aider à la maison?

VERT 3 Temps libre

1 Reliez les célébrités à leur passe-temps favori.
Link up the celebrities with their favourite hobby.

1	Jonathan Edwards	a	J'aime jouer à l'ordinateur.
2	Zinedine Zidane	b	J'aime le théâtre.
3	Céline Dion	c	J'aime la pêche.
4	La Princesse Anne	d	J'aime le saut en longueur.
5	Pingu	e	J'aime le cinéma.
6	Bill Gates	f	J'aime la musique et chanter.
7	Tom Hanks	g	J'aime l'équitation.
8	William Shakespeare	h	J'aime jouer au football.

2 Faites des phrases suivant le modèle (n'utilisez pas le même adjectif plus d'une fois).
Make sentences following the example (don't use the same adjective twice).

Exemple: , c'est  La musique, c'est super!

a , c'est  ______________________

b , c'est  ______________________

c , c'est √√ ______________________

d , c'est XX ______________________

e , c'est √√√ ______________________

3 Lisez l'information ci-dessous et écrivez le nom des jeunes quatre fois à la bonne place (certaines réponses sont déjà écrites pour vous aider!).
Read the information below and write the young people's names four times in the right squares (some of it has been done for you!).

Rémi: ***Moi, je fais de l'équitation tous les dimanches et je joue tous les jours aux boules avec mes amis. Je ne sors jamais en boîte mais je vais au cinéma deux fois par mois.***

Louise: ***Je ne vais jamais ni en boîte ni au cinéma. Par contre je fais souvent de l'équitation, tous les soirs. Je joue aux boules une fois par semaine.***

Edouard: ***Je vais au ciné deux fois par mois, en boîte tous les samedis. J'ai horreur des boules! Je fais de l'équitation tous les jours.***

Barbara: ***Moi je ne fais rien … Ah si: je vais au cinéma une fois par semaine!***

	Jamais *(never)*	Une fois par semaine *(once a week)*	Une fois tous les quinze jours *(once a fortnight)*	Tous les jours *(every day)*
Équitation				Edouard Louise
Boules				
Boîte	Barbara Rémi Louise			
Cinéma				

4 **Lisez le dépliant suivant et répondez aux questions en français.**
Read the leaflet and answer the questions in French.

a À quelle heure commence le match de foot? ____________________

b Quel jour peut-on écouter de la poésie? ____________________

c Combien de sports peut-on faire cette semaine-là? ____________________

d Combien coûte l'entrée au match de football? ____________________

e Le tournoi de ping-pong est-il pour les adultes seulement? ____________________

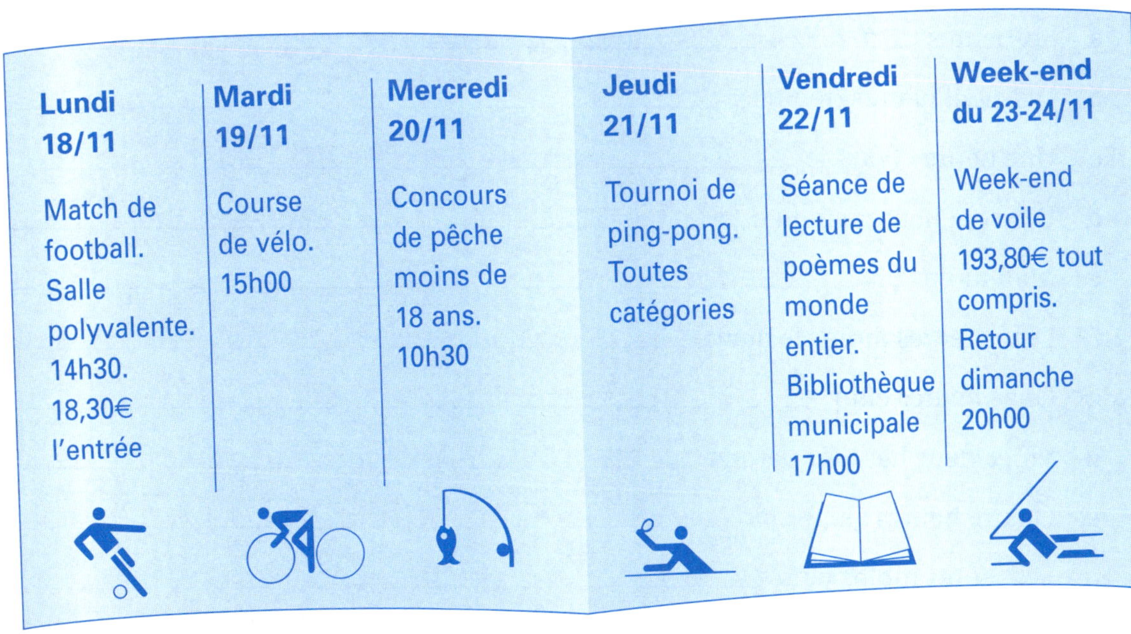

5 Lisez les dialogues suivants et trouvez les deux bonnes images correspondantes.
Read the following dialogues and find the two pictures that correspond to each one.

Dialogue 1:
Allô Karine, c'est Mylène!
Ah … Salut …
Tu veux venir au tournoi de patinage ce soir?
Ben je suis malade et il fait froid là-bas…
Tant pis! = _____ + _____

Dialogue 2:
Salut Charles! Benjamin nous invite à sa boum, super non?
Vanessa y va?
Je crois que oui …
Alors, bien sûr que je viens! = _____ + _____

Dialogue 3:
Virginie? C'est Claire!
Ça va?
Oui, jaimerais aller au festival de la BD. Qu'en penses-tu?
Désolée, je dois faire mes devoirs.
Quel dommage! = _____ + _____

Dialogue 4:
Amélie, tu es toujours d'accord pour aller en boîte?
Evidemment! On se retrouve où?
Devant l'arrêt de bus. 21 heures précises! = _____ + _____

a 

b 

c 

d 

e 

f 

g 

h 

6 C'est à quelle heure? Écrivez l'heure en anglais.
What time does it start? Write the times in English.

a Six heures ______________________
b Dix-neuf heures trente ______________________
c Une heure et demie ______________________
d Dix-sept heures cinquante ______________________
e Midi moins dix ______________________
f Deux heures moins le quart ______________________
g Onze heures cinq ______________________
h Vingt-deux heures quatorze ______________________
i Quatre heures vingt-cinq ______________________
j Six heures moins cinq ______________________

7 **Maintenant écrivez l'heure en français.**
Now write the times in French.

a 23:14 ______

b half past eight ______

c midday ______

d 15:45 ______

e quarter past four ______

f twenty to eleven ______

g ten past midnight ______

h 14:25 ______

i one o'clock ______

j 18:06 ______

8 **Reliez les questions aux réponses.**
Match the questions to their answers.

1 Qu'est-ce qu'on passe au cinéma?
2 Qui sont les acteurs principaux?
3 C'est en version originale?
4 C'est bien?
5 C'est à quelle heure la séance?
6 On se retrouve où?

a Oui, c'est génial!
b Devant le cinéma.
c C'est à 19h45.
d Le 5ème élément, un nouveau film.
e Bruce Willis et Milla Jovovitch.
f Non, c'est en version française.

9 **Lisez ce que Nouria a écrit sur ses passe-temps et réécrivez le passage pour vous en changeant les phrases soulignées.**
Read what Nouria wrote about her hobbies and write the passage again changing the underlined sentences.

With* le soir, le week-end *and* pendant les vacances *use the present tense to express something you usually do.
With* hier *and* le week-end dernier *use the perfect tense to express an action in the past.

Le soir, en général <u>je fais mes devoirs et je téléphone à mes copines</u>.

Le week-end, <u>je fais de la danse dans un club et je fais des courses avec ma mère</u>.

Pendant les vacances <u>je reste à la maison et je lis mes bandes dessinées</u>.

Hier, <u>j'ai joué du piano et j'ai fait de la cuisine</u>.

Le week-end dernier <u>je suis allée à la piscine avec ma copine Sylvie</u>.

10 Voici un résumé du samedi de Frédéric: malheureusement les phrases sont dans le désordre. À vous de les remettre dans le bon ordre.

Here is a summary of Frédéric's Saturday. Unfortunately the sentences are jumbled up. Can you put them in the right order?

a Maryse m'a téléphoné pour me demander si je voulais passer l'après-midi avec elle.
b Je suis allé à mon cours à neuf heures; j'adore les arts martiaux.
c Le soir je suis sorti en boîte.
d Maryse était furieuse.
e Samedi matin je me suis levé tôt.
f J'ai préféré aller au match de rugby.
g Maryse a dansé toute la soirée avec Jules. Je suis mort de jalousie!
h J'ai déjeuné à midi.

11a Lisez la lettre de Victoire et répondez aux questions en français.

Read Victoire's letter and answer the questions in French.

Chère Laura,

Merci pour ta lettre datée du 5 juin. Moi aussi je fais beaucoup de sport, on en fera ensemble quand tu viendras la semaine prochaine. Le lundi soir je vais à mon club de hand-ball. Je suis dans la meilleure équipe au collège et j'adore ça! Le mercredi je fais de l'aérobic; le cours dure trente-cinq minutes. Tu pourras m'accompagner, on s'y amuse bien! Le vendredi soir j'ai gymnastique. Les profs sont très sévères et exigeants, c'est dur!

Hier je suis allée à mon cours comme d'habitude. Je suis arrivée en retard et le prof était très en colère ... En plus on ne peut pas bavarder, c'est barbant! Moi j'adore discuter et rire avec mes copines ... Je crois que je vais changer de sport: que penses-tu du saut à l'élastique??? J'ai hâte de te voir. Téléphone-moi pour me dire à quelle heure tu arrives à la gare.

Gros bisous

Victoire

a Quelles sont ses deux activités sportives préférées? (2) ______

b Quel jour fait-elle du hand-ball? (1) ______

c Où fait-elle ce sport? (1) ______

d Que pense-t-elle de la gymnastique? (2) ______

e Combien de temps dure un cours d'aérobic? (1) ______

f Comment peut-on décrire Victoire: sérieuse/amusante/égoïste? (1) ______

g Quel nouveau sport aimerait-elle commencer? (1) ______

h Les filles se retrouvent où? (1) ______

11b Maintenant écrivez une lettre à votre correspondant/e pour lui dire ce que vous faites pendant votre temps libre.
Now write a letter to your penfriend to tell him/her about your hobbies.

> ***Try to include sentences in the present and the past tenses.***
> **Le lundi:** ***on Mondays***
> **Le week-end:** ***at week-ends***
> **Hier:** ***yesterday***
> **La semaine dernière:** ***last week***

Grammaire

1 **Le passé composé: en utilisant les conjugaisons suivantes, traduisez les phrases.**
The perfect tense: translate the sentences using the tables below.

J'ai
Tu as
Il/elle/on a
Nous avons
Vous avez
Ils/elles ont
} regardé/joué/cuisiné/fait/lu/écouté/nagé/duré/commencé/proposé/pratiqué

Je suis
Tu es
Il/elle/on est
Nous sommes
Vous êtes
Ils/elles sont
} allé/sorti/resté/venu

Don't forget to add the agreements to verbs which take être.
Exemple:
allé/allée/allés/allées
sorti/sortie/sortis/sorties

On Tuesday = mardi

a *He practised football yesterday.* ____________

b *We played basketball on Monday.* ____________

c *We went to the cinema.* ____________

d *I stayed at home last weekend.* ____________

e *Sophie and Annie came on Tuesday.* ____________

f *You listened to music.* ____________

g *He went to a nightclub.* ____________

h *The show lasted two hours.* ____________

2 **Faites deux colonnes: présent ou passé?**
Make two columns: present or past?

a Je n'aime pas nager.
b Tu veux venir au cinéma?
c J'ai fait de l'équitation.
d Je vais à la maison des jeunes.
e Elle a proposé à Simon d'aller en boîte.
f Nous avons lu un bon livre.
g J'aime faire du sport.
h J'ai fait du sport.
i J'écris des lettres.
j Je suis allé au parc d'attractions.

Présent	Passé

À l'oral

1 Quel est ton passe-temps préféré?

2 Qu'est-ce que tu aimes faire le week-end?

3 Quel est ton sport préféré?

4 Où pratiques-tu ce sport?

5 Quand pratiques-tu ce sport?

6 Quelle sorte de musique aimes-tu?

7 Qu'est-ce que tu aimes lire?

8 Qu'est-ce que tu fais à la maison pour t'amuser?

9 Qu'est-ce que tu fais avec tes amis pour t'amuser?

10 Qu'est-ce que tu as fait le week-end dernier?

11 Comment s'appelle le dernier film que tu as vu?

12 Parle-moi de ce film.

VERT 4 Au boulot

1 **Faites des lignes pour relier les trois colonnes: métier, dessin, location.**
Draw lines to join the three columns: work, picture, place.

a policier		dans un garage
b boulanger		dans un bureau
c hôtesse de l'air		au collège
d professeur		dans le monde entier
e facteur		dans une boulangerie
f infirmier		au commissariat
g mécanicien		à la poste
h secrétaire		dans une ferme
i fermier		au supermarché
j caissier		dans un hôpital

2 **Écrivez les bonnes fins de phrases en utilisant les expressions suivantes.**
Finish off the sentences using the following expressions.

a Je voudrais être guide
b Je voudrais être dessinatrice
c Je voudrais être interprète
d Je voudrais être acteur
e Je voudrais être vétérinaire
f Je voudrais être informaticienne
g Je voudrais être fermier
h Je voudrais être professeur

1 parce que j'aime les animaux.
2 car j'aime travailler en plein air.
3 parce que j'aime le contact avec les jeunes.
4 car je suis fana d'ordinateurs.
5 parce que je trouve les voyages passionnants.
6 parce que j'aime les langues.
7 car j'adore le théâtre.
8 car je suis créative.

3 **Vous cherchez un emploi. On vous a téléphoné et on vous a donné oralement les numéros suivants: quels numéros faut-il faire?**
You are looking for a job. You were given the following numbers over the phone: what numbers must you dial?

Exemple: zéro un/quatre-vingt douze/zéro six/dix-huit/vingt-trois
✓ 01 92 06 18 23

a zéro deux/trente-huit/douze/zéro cinq/soixante-trois = ______

b zéro trois/quarante-quatre/quinze/vingt-trois/quatre-vingts = ______

c zéro six/quatre-vingt-huit/cinquante-deux/quatorze/soixante-dix-huit =

______

d zéro quatre/zéro zéro/quatre-vingt-dix-neuf/onze/trente = ______

e zéro un/trente-six/dix-neuf/quarante-deux/soixante-douze = ______

4 **Christian en a marre! Voici la lettre qu'il a écrite à son patron pour lui annoncer sa démission. Pouvez-vous répondre aux questions en anglais?**
Christian is fed up! Here is the letter he wrote to his boss to announce his resignation. Can you answer the questions in English?

Cher Monsieur Dujardin,

Je vous écris pour vous annoncer ma démission à partir du 1er juillet de cette année. J'ai été très déçu par beaucoup de choses: le travail de serveur dans votre café est vraiment trop compliqué! Je dois servir les clients, laver et débarrasser les tables, donner l'addition, balayer*, faire la vaisselle, réparer le juke-box, jouer aux cartes et au baby-foot avec les clients et tout ça en même temps! En plus, c'est mal payé (cinq euros de l'heure, c'est ridicule!) et vous n'êtes jamais content!

Le café est à six kilomètres de chez moi et, à pied, c'est fatigant.

Je vous prie d'agréer, Monsieur, l'expression de mes sentiments distingués.

Christian Leduc

*balayer = *to sweep*

a *When will Christian stop working?* (1) ______

b *What was his position?* (1) ______

c *Give five of the tasks he had to do.* (5) ______

______

______

d *What does he say about his pay?* (1) ______

e *What does he say about his boss?* (1) ______

f *How does he get to work?* (1) ______

5 **Lisez les quatre interviews suivantes et remplissez le tableau en anglais.**
Read these four interviews and fill in the table in English.

Eric: Moi, mon job, c'est de travailler comme serveur dans un café. Je ne travaille que l'été, en juillet et en août. Je commence à sept heures du matin et je finis à vingt-trois heures. Je dois laver les verres et servir les clients. C'est très fatigant et mal payé mais les clients sont gentils et le patron est sympa aussi.

Amélie: Je travaille dans un salon de coiffure comme assistante. Je ne commence qu'à midi et je finis à 18h. J'adore laver les cheveux mais je n'aime pas balayer… L'avantage, c'est que c'est facile mais quelquefois j'ai mal aux pieds!

Arthur: Je travaille à la banque de mon oncle chaque été. C'est intéressant. J'apprends à travailler sur l'ordinateur et je dois trier* les lettres. C'est bien payé. Le problème c'est que j'y vais à vélo et la banque est loin de chez moi. Je fais du 9h-17h, les horaires ne sont pas mal.

Gérard: Le dimanche, je travaille dans un hospice pour personnes âgées. Je dois bavarder avec elles et préparer des thés et des cafés. Des fois, c'est un peu ennuyeux mais j'aime parler aux personnes âgées: on apprend beaucoup de choses! La journée passe vite car j'arrive à 10h et je repars à 4h.

*trier = *to sort*

	Job	Tasks (×2)	Starting time	Finishing time	Advantage	Drawback
Eric						
Amélie						
Arthur						
Gérard						

6 **Lisez les annonces suivantes et imaginez que vous avez plus de 18 ans. Écrivez une lettre de candidature selon le modèle (n'oubliez pas d'inclure votre CV).**
Read the following adverts. Imagine that you are over 18. Write an application letter following the example (don't forget to include your CV).

ÉCOLE DE FORMATION CONTINUE

RECHERCHE

Professeur d'anglais

Contacter: EFC
Nantes
Tel: 02 35 58 69 46

VINS BORDELAIS
Établissements Médrac & Frères

Recherchent

Représentant

Régions sud/sud-ouest et région parisienne

Écrire aux: Vins Bordelais
Rue de la haute cloche
33000 Bordeaux

Famille française aimerait recevoir pour un an

Jeune fille ou garçon au-pair

pour garder petite fille de 18 mois.

Écrire à: Julie et Franck Berg.
Tel: 01 36 47 69 45

Cher Monsieur/Chère Madame,

J'ai lu votre annonce avec grand intérêt dans le journal au sujet du poste de (serveur). J'ai (19 ans) et je m'appelle (Dominique Dusquenois). Je suis de nationalité (française). Je pense que je serais la personne idéale pour cet emploi car je suis (travailleur, agréable et organisé). J'aime (travailler avec les autres). J'ai déjà fait un stage (dans un restaurant). C'était (intéressant et motivant). Mes horaires étaient (de 9h à 17h). Je devais servir les clients et préparer les sandwichs.

Veuillez trouver ci-joint mon CV.

Je vous prie d'agréer, Monsieur/Madame, l'expression de mes sentiments distingués.

Dominique Dusquenois

Écrivez votre lettre ici.
Write your own letter here.

7 Regardez les réponses et complétez les questions.
Look at the answers and find the missing words in the questions.

combien	quelles	quel	comment	que

	Questions	**Réponses**
a	________________ job as-tu?	Je distribue des journaux.
b	________________ gagnes-tu?	Je gagne 6,70€ par heure.
c	________________ vas-tu à ton travail?	J'y vais en bus.
d	________________ sont tes heures de travail?	Je travaille de 8h30 à 17h00.
e	________________ penses-tu de ton travail?	C'est fatigant mais passionnant.

CURRICULUM VITAE	MON CV
Nom:	(Dusquenois)
Prénoms:	(Dominique Christophe)
Date de naissance:	(18/12/1980)
Nationalité:	(française)
Adresse:	(20 rue des marais 59200 Tourcoing)
Collège:	(Lycée Faidherbe, Lille)
Matières étudiées:	(maths, français, philosophie, anglais, histoire-géographie, allemand, économie)
Expérience:	(stage en entreprise, juin 2001)
Loisirs:	(équitation et lecture)

8 Trouvez les expressions équivalentes.
Find the equivalents.

a	travail	1	ne raccrochez pas
b	passe-temps	2	quand?
c	matière	3	societé
d	entreprise	4	retéléphoner
e	à l'appareil	5	métier
f	ne quittez pas	6	qui est à l'appareil?
g	c'est de la part de qui?	7	policier
h	à quelle heure?	8	au téléphone
i	agent de police	9	loisir
j	rappeler	10	sujet

9 Lisez la lettre de Samuel et trouvez les bonnes réponses ci-dessous.
Read Samuel's letter and find the right answers beneath.

Salut Jon,

Comment vas-tu? Moi, bof ... Je suis énervé parce que j'ai trop de devoirs au collège. Je viens de terminer mon stage en entreprise, c'était génial! J'ai travaillé à la poste de ma ville. Je devais trier le courrier, répondre au téléphone et aider le facteur dans sa tournée. Distribuer les lettres, ça c'est amusant! Surtout que j'adore le vélo! Plus tard j'aimerais être facteur, pas pharmaciens comme mes parents. J'aime travailler en plein air et j'aime le contact avec les gens.

En ce moment j'ai un petit job le week-end. Je fais du baby-sitting pour ma sœur le samedi soir. Elle a deux garçons qui sont très agréables. Je m'occupe d'eux de 18 à 23h. Je leur donne à manger et je leur lis une histoire au lit. Je gagne 4,60€ par heure. Avec cet argent, je m'achète des timbres rares pour ma collection. Et toi, comment se passe ton stage en ce moment?

Écris-moi vite!

Samuel

1 Samuel est énervé à cause:
- **a** de son stage.
- **b** de son travail au collège.
- **c** de l'entreprise du stage.

2 Au stage, Samuel devait:
- **a** aider le facteur à distribuer les lettres.
- **b** travailler au guichet.
- **c** téléphoner aux clients.

3 Le père de Samuel travaille:
- **a** dans une pharmacie.
- **b** à la poste.
- **c** en plein air.

4 Les deux passe-temps de Samuel sont:
- **a** la philatélie et le cyclisme.
- **b** le vélo et la musique.
- **c** les courses et la lecture.

5 Ses neveux sont:
- **a** amusants.
- **b** méchants.
- **c** sympa.

Grammaire

1 **Faites quatre phrases grammaticalement correctes.**
Make four grammatically correct sentences.

a Ma mère	est	fermières.
b Mon frère	suis	au collège.
c Je	est	retraitée.
d Mes cousines	sont	boulanger.

____
____
____
____

2 **C'est quel temps: présent, passé ou futur?**
Which tense is it: present, past or future?

Je regarder**ai** *(I **will** watch)*
Tu regarder**as**
Il/elle/on regarder**a**
Nous regarder**ons**
Vous regarder**ez**
Ils/elles regarder**ont**

a Nous travaillerons dans un bureau. _______________

b J'ai réparé des voitures. _______________

c Je vais au travail à vélo. _______________

d Tu gagneras beaucoup d'argent. _______________

3 **Faites attention aux verbes irréguliers. Apprenez ces conjugaisons et trouvez l'anglais dans la colonne ci-dessous.**
Beware of irregular verbs! Learn the following ones and find the English in the column below.

Aller *(to go)*	**Avoir** *(to have)*	**Être** *(to be)*
J'irai *(I will go)*	j'aurai *(I will have)*	je serai *(I will be)*
Tu iras	tu auras	tu seras
Il/elle/on ira	il/elle/on aura	il/elle/on sera
Nous irons	nous aurons	nous serons
Vous irez	vous aurez	vous serez
Ils/elles iront	ils/elles auront	ils/elles seront

a Je serai pilote de ligne.

b Vous irez en bateau.

c Elles auront une augmentation.

d Nous serons mécaniciens.

e Tu seras au chômage.

1 *I will go by boat.*
2 *They will have a rise.*
3 *You will be unemployed.*
4 *I will be a pilot.*
5 *You will be mechanics.*
6 *They will have a partner.*
7 *You will go by boat.*
8 *We will be pilots.*
9 *We will be mechanics.*

À l'oral

For questions 1, 2, 3, 9, 11 and 12, use the present tense; for questions 4, 5, 6, 7, use the perfect and imperfect tenses; for question 8, use the near future (je vais + infinitive); for question 10, use the conditional (e.g. j'aimerais + infinitive).

1 Que font tes parents?

2 Tu as un job?

3 Tu reçois de l'argent de poche?

4 As-tu déjà fait un stage?

5 Quelles étaient tes heures de travail?

6 Quelles étaient tes tâches?

7 Comment étaient tes patrons?

8 Tu vas travailler pendant les grandes vacances?

9 Quelles sont tes matières préférées au collège?

10 Quel métier aimerais-tu faire plus tard?

11 Tu préfères travailler à l'intérieur ou en plein air?

12 Quelles sont tes qualités?

VERT 5 Ma ville

1 Placez les bonnes villes et les bons symboles sur la carte.
Place the correct towns and symbols on the map.

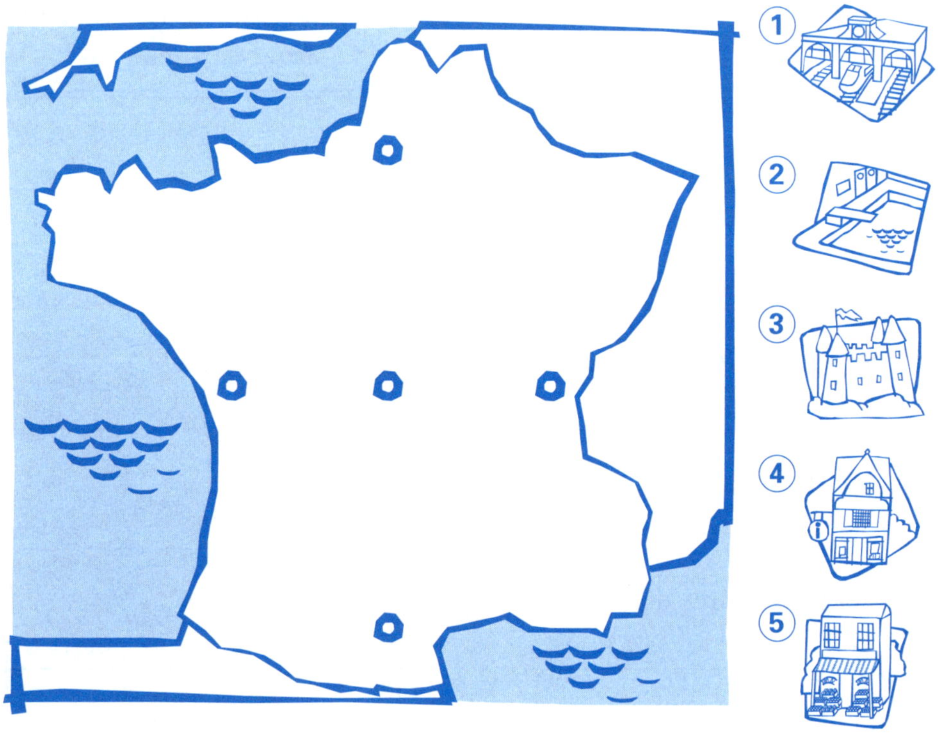

a La ville au nord s'appelle Mignonbourg.
b La ville à l'est s'appelle Salleville.
c La ville au sud s'appelle Chezmoi.
d La ville à l'ouest s'appelle Polluville.
e La ville au centre, la capitale, s'appelle Proprette.
f Le château se situe à Chezmoi.
g Le magasin est à Polluville.
h La gare est à Proprette.
i Le syndicat d'initiative est à Mignonbourg.
j La piscine se situe à Salleville.

2 Attention aux 'faux amis'! Connaissez-vous le sens de ces mots?
Be careful with 'false friends' (i.e. words that sound like English words but have a different meaning)! Do you know the meaning of these words?

a ville ______________________

b librairie ______________________

c place ______________________

d hôtel de ville ______________________

e magasin ______________________

3 Trouvez les images correspondantes.
Find the matching pictures.

1 J'habite dans une maison au centre-ville.

2 Je vis dans un HLM dans la banlieue.

3 Nous habitons dans une ferme à la campagne.

4 Elles vivent dans un appartement dans la capitale.

5 Je vis dans une maisonnette dans un village.

6 J'habite dans une caravane près du collège.

7 J'habite sur une île sur la côte.

8 Il habite dans un village à la montagne.

9 Vous habitez dans une maison individuelle dans la banlieue.

10 Tu vis dans une maison mitoyenne au bord de la mer.

a

b

c

d

e

f

g

h

i

j

4 Remplissez les blancs.
Fill in the gaps.

petits   Écosse   capitale   port   pittoresques
touristique   nord   Pays de Galles   jolie   historique

a Londres est la ____________________ de l'Angleterre. C'est une ville extrêmement ____________________.

b Newcastle est une ville au ____________________ et Douvres est un ____________________ au sud du pays.

c York est une ____________________ ville ____________________.

d En Angleterre il y a beaucoup de ____________________ villages ____________________.

e Cardiff est au ____________________ et Glasgow est en ____________________.

5 Lisez la lettre d'Arnaud et remplissez les blancs.
Read Arnaud's letter and fill in the blanks.

Chère Samia,

Merci pour ta lettre. Perpignan est très jolie. J'aimerais bien accepter ton invitation mais le train, c'est trop cher! Comme promis, je vais te décrire la ville du nord de la France où j'habite pour ton projet de géographie.

Lille se situe au nord, pas loin de la Belgique. C'est une grande métropole. Sa rivière s'appelle la Deûle. Il y a beaucoup de monuments historiques comme le Beffroi ou la Citadelle. Ce que j'aime le plus, c'est la vieille ville.

Je n'aime pas beaucoup la campagne environnante. Le centre-ville est super avec des rues piétonnes, des cinémas et plein de magasins!

Bientôt nous allons fêter la Saint Nicolas, le 6 décembre. Il y a deux mois, le premier lundi de septembre, c'était la braderie*. Je me suis bien amusé! La braderie a duré 3 jours et 2 nuits!

A très bientôt!
Bisous
Arnaud

* La braderie *is the biggest car-boot sale in Europe. Lille is at a standstill for two to three days! It is regarded as one of the biggest local festivals.*

Arnaud ________________ à Lille, dans le ________________ de la France. Lille est tout près de la ________________. Il y a ________________ rivière qui s'appelle la Deûle. Le Beffroi et la Citadelle sont des ________________ de Lille. L'endroit ________________ d'Arnaud, c'est la vieille ville ________________ il n'aime pas beaucoup la campagne environnante. À Lille on peut faire beaucoup de ________________. Les deux fêtes mentionnées par Arnaud sont ________________ et ________________.

6 C'est où ?
Where is it?

1 On peut y voir de nouveaux films.
2 On peut y acheter des choses pas chères.
3 On peut y faire des courses.
4 On peut aller à la messe là.
5 On peut y jeter ses vieilles bouteilles.
6 On peut y trouver des autobus.
7 On peut y faire du patin à glace.
8 On peut y voir un match de foot.
9 On peut avoir des renseignements là.
10 On peut s'y promener.

a la patinoire
b le centre de recyclage
c le cinéma
d la gare routière
e le jardin public
f le marché
g l'hypermarché
h le syndicat d'initiative
i l'église
j le stade

7 Mettez ces phrases dans la bonne colonne (selon vous).
Put these sentences in the right column (in your opinion).

a À la campagne, c'est calme.
b Les villes sont souvent polluées.
c Il y a beaucoup d'embouteillages en ville.
d Il n'y a pas grand chose à faire à la campagne.
e On peut faire beaucoup de choses en ville.
f Il y a beaucoup de bruit en ville.
g Les rues sont sales en ville.
h Les oiseaux chantent plus à la campagne.
i Il y a plus de transports en commun en ville.
j On habite près de chez ses copains en ville.

Avantages	Inconvénients

8 Écrivez un paragraphe sur là où vous habitez.
Write a paragraph about where you live.

J'habite ______________________________.

C'est (un(e)/petit(e)/grand(e)/ville/village/bourg) (au nord/au sud/à l'ouest/à l'est) (de l'Angleterre/de l'Écosse/du Pays de Galles/de l'Irlande/de l'Irlande du Nord).

____

Il y a ______________________________

______________________________.

Il n'y a pas (de/d') ______________________________.

Les avantages sont (que/qu') ______________________________

______________________________.

Les inconvénients sont (que/qu') ______________________________

______________________________.

9 Ça protège ou ça détruit la nature? Cochez ou faites une croix pour les phrases négatives.
Does it protect or destroy the environment? Tick or cross.

a Jeter des déchets par terre. _____

b Jeter des déchets au centre de recyclage. _____

c Utiliser des bombes aérosols. _____

d Conduire en voiture. _____

e Acheter du papier recyclé. _____

f Faire du vélo. _____

g Construire des autoroutes. _____

h Planter un arbre. _____

10 Des fêtes en France: lisez le paragraphe et répondez aux questions en anglais.
Celebrations in France: read the paragraph and answer the questions in English.

le repas – *meal*	une bûche – *a Yule log*	la fève – *a little charm hidden in the cake*
les huîtres – *oysters*	les souliers – *shoes*	le Roi/la Reine – *the King/Queen*
la dinde – *turkey*	la pâte d'amande – *marzipan*	

Noël se fête le soir du vingt-quatre décembre. C'est une fête très familiale. Toute la famille se réunit autour d'un grand repas. On mange généralement des huîtres en hors d'œuvre, de la dinde et des légumes et une bûche au chocolat comme dessert. On boit beaucoup de champagne! Un peu plus tard le Père Noël passe: il met des cadeaux dans les souliers près de la cheminée. À minuit, on va à l'église à la messe de minuit. Dans la maison on trouve beaucoup de décorations comme la crèche ou l'arbre de Noël.

La galette des rois est un gâteau à la pâte d'amande ou aux pommes que l'on mange à l'Épiphanie. Dans la galette il y a une fève (c'est à dire un petit personnage symbolisant la religion catholique). Celui ou celle qui a la fève dans sa part de gâteau est le Roi ou la Reine et doit choisir son mari ou sa femme. Les deux personnes doivent alors porter une couronne.

a *When is Christmas normally celebrated?* (1) ____________________

b *Are many friends invited?* (1) ____________________

c *What do most people eat and drink?* (2) ____________________

____

d *What happens at midnight?* (1) ____________________

e *Give two types of decorations.* (2) ____________________

f *What is the 'galette' usually made of?* (2) ____________________

____

g *What happens if you find the charm in it?* (1) ____________________

Grammaire

1 Faites des phrases selon l'exemple.
Make sentences following the example.

> ***Remember always to use pas de or pas d' in the negative.***

Exemple:

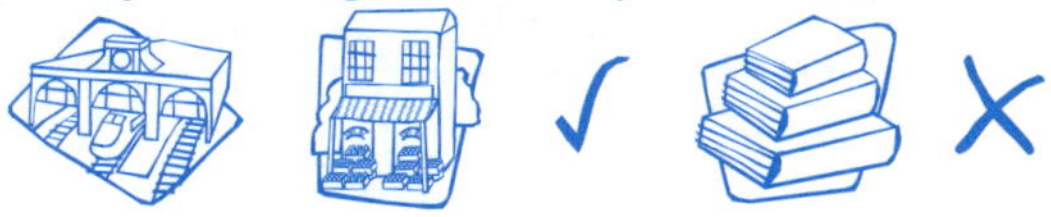

Il y a une gare et des magasins. **Il n'y a pas de** bibliothèque.

a

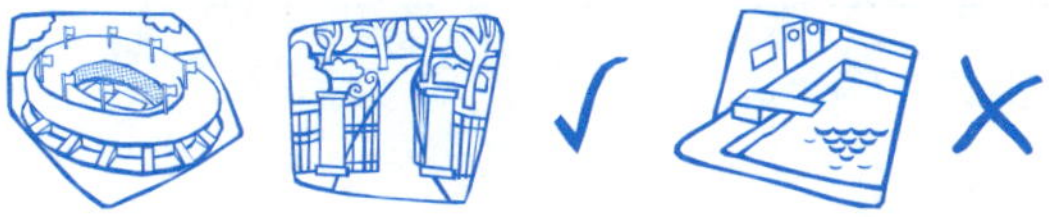

____

____

b

____

____

c

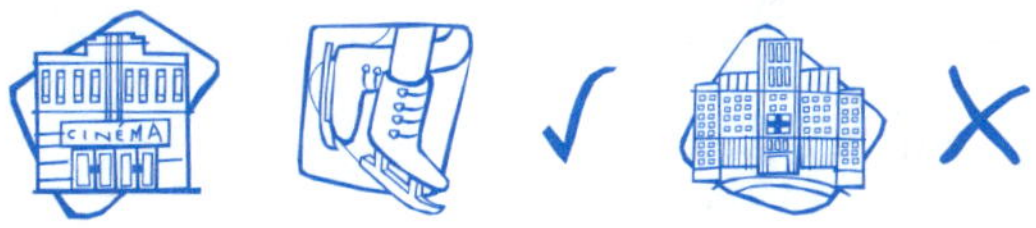

____

____

2 Mettez les adjectifs entre parenthèses à la bonne place puis traduisez les phrases en anglais.
Put the adjectives in brackets in the right place and translate the sentences into English.

> ***Most adjectives follow the noun they qualify. Here are some exceptions:***
> **petit nouveau grand bon**
> **jeune long vieux beau joli**

a J'habite dans une ______________ et ______________ ville ______________.
(jolie/française/grande)

b Nous habitons dans un ______________ appartement dans la ______________ ville.
Les maisons ______________ ont de ______________ façades.
(jolies/vieille/pittoresques/petit)

c Il y a une ______________ rivière et de ______________ parcs. *(beaux/belle)*

3 Écrivez *plus, moins, ne/n'/aucun(e)* aux bons endroits.
Write more, less, not any *in the right places.*

a Les États-Unis sont ______________ grands que la France. = *The United States is bigger than France.*

b Il _____ y a ______________ magasin dans ce village. = *There is no shop in this village.*

c Calais est ______________ loin que Marseille. = *Calais is not as far as Marseille.*

d Le vélo, c'est ______________ polluant que la voiture! *Bikes are not as pollutive as cars!*

À l'oral

1 Où habites-tu?

2 C'est où exactement?

3 C'est à la campagne ou à la ville?

4 Il y a combien d'habitants?

5 Ta ville est jumelée avec une autre ville en Europe?

6 Qu'est-ce qu'on peut faire là où tu habites?

7 Peux-tu décrire là où tu habites?

8 Quels sont ses avantages?

9 Quels sont ses inconvénients?

10 Tu habites dans une maison ou un appartement?

11 Décris une fête traditionnelle de ton pays.

12 Tu fais quelque chose pour la préservation de l'environnement?

VERT 6 Aux magasins

1 **Ça s'achète où?**
Where do you buy this?

1	du pain	**a**	à la charcuterie
2	des gâteaux	**b**	à l'épicerie
3	des légumes	**c**	au tabac
4	de la viande	**d**	à la parfumerie
5	des timbres	**e**	à la confiserie
6	du parfum	**f**	à la boulangerie
7	des cigarettes	**g**	à la boucherie
8	du saucisson	**h**	à la pharmacie
9	des comprimés	**i**	à la poste
10	des bonbons	**j**	à la pâtisserie

2 **C'est combien? Écrivez ces prix en mots.**
How much is it? Write these prices in words.

Exemple: 25€ = vingt-cinq euros
£3 = trois livres

a 10,60€ ____________________

b 55€ ____________________

c 150€ ____________________

d £602 ____________________

e £90 ____________________

3 **Trouvez l'intrus.**
Find the odd one out.

a La pâtisserie/le yaourt/le supermarché/le tabac/la boulangerie

b La parfumerie/l'imperméable/la chaussette/la robe/la jupe

c Avez-vous?/c'est combien?/et avec ça?/ça va?/c'est tout?

d Marron/jeune/blanc/noir/violet

e La boîte/le kilo/la bouteille/le paquet/le manteau

f Le shopping/les devoirs/les courses/les achats/les commissions

4 Mettez les mots dans le bon ordre.
Put the words in the correct order.

a je paquet un voudrais chips de

____

b une bouteille s'il de plaît Coca vous

____

c jambon cinq c'est de tranches combien?

____

d de plus il lait a n'y

____

e cherche sardines de je des boîtes

____

5 Trouvez les images correspondant aux mots.
Find the right picture for each description.

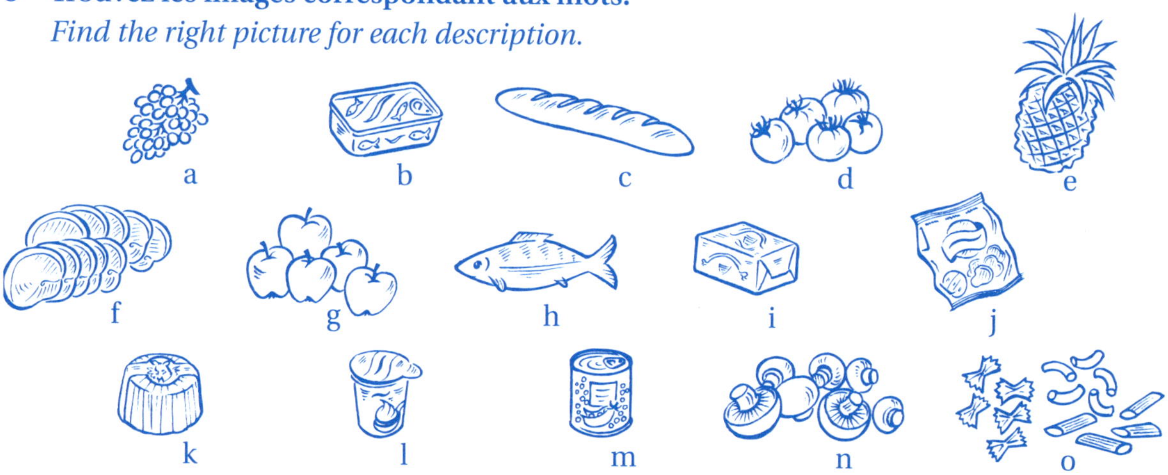

1 Deux kilos de raisins blancs = _____

2 Cinq cents grammes de beurre = _____

3 Un paquet de chips = _____

4 Un kilo de champignons = _____

5 Un pain de campagne = _____

6 Un gros ananas = _____

7 Dix tranches de jambon = _____

8 Deux cents grammes de fromage de chèvre = _____

9 Du poisson = _____

10 Un demi-kilo de pommes = _____

11 Une boîte de sardines = _____

12 Un yaourt = _____

13 Une boîte de petits pois = _____

14 Un demi-kilo de tomates = _____

15 Des pâtes = _____

6 **Vous organisez une boum: écrivez une liste de ce qu'il faut acheter.**
You are organising a party: write a list of what you need to buy.

Look at the textbook to get some ideas.

____

____

____

____

____

____

____

7 **Au rayon des vêtements. Mettez la conversation dans l'ordre.**
In the clothes department. Put the conversation in the right order.

- **a** D'accord. Et de quelle couleur? ____
- **b** Taille 45. ____
- **c** Je peux vous aider, Monsieur? ____
- **d** Elles me vont. Merci! C'est combien? ____
- **e** Au revoir. ____
- **f** Elles sont jolies mais trop petites. ____
- **g** En quelle pointure? ____
- **h** En noir, s'il vous plaît. ____
- **i** Et celles-là? ____
- **j** Voilà, Madame. Au revoir! ____
- **k** Que pensez-vous de celles-ci? ____
- **l** Je voudrais une paire de chaussures, s'il vous plaît. ____
- **m** 35 euros. ____

8 **Trouvez la bonne réponse à chaque question.**
Find the correct answer to each question.

1 **Vous l'avez en rouge?**
- **a** Nous l'avons essayé.
- **b** En rouge et dans toutes les tailles.
- **c** C'est un beau pull rouge. ____

2 **Ca coûte combien?**
- **a** C'est trop cher.
- **b** Par chèque ou carte de crédit.
- **c** Douze euros, Monsieur. ____

3 **Le saucisson, combien en désirez-vous?**
- **a** Cinq tranches fines, s'il vous plaît.
- **b** Cinquante kilos, s'il vous plaît.
- **c** Cinq boîtes de conserve, s'il vous plaît. ______

4 **Qu'est-ce qu'on peut acheter à la poissonnerie?**
- **a** Des fruits de mer.
- **b** Des fruits rouges.
- **c** Des poissons rouges. ______

5 **C'est une soupe à quoi?**
- **a** Dans un bol.
- **b** À la moutarde.
- **c** Aux carottes. ______

9 Vous avez reçu un texto de votre père sur votre portable: que devez-vous acheter? Écrivez la liste en anglais.

You received a text message from your dad: what do you have buy? Write the list in English.

N'OUBLIE PAS LES
COURSES: 2 BOUT.
VIN BLANC/BISCUITS/
BŒUF/CÉRÉALES/CAFÉ/
BIÈRE/3 BAGUETTES/
POMMES DE TERRE/
CERISES/HARICOTS
VERTS

BISOUS PAPA

10 Répondez aux questions en anglais.

Answer the questions in English.

chic votre nouveau magasin 9 rue Gambetta

Ouvert du lundi au samedi de 9h à 19h

Sous-sol
Parking pour 300 voitures

Rez-de-chaussée
Alimentation
Electro-ménager

1er étage (ascenseur disponible)
Confection hommes/femmes/enfants
Jouets
Librairie/carterie

2ème étage
Rayon musique
Service clientèle

a *Where is the car park?* (1)

b *Which floor should you go to if you want a refund?* (1)

c *Where is the food section?* (1)

d *Which departments are on the first floor?* (3)

e *What are the opening and closing times?* (2)

f *What day is the shop shut?* (1)

g *What is available for shoppers on the first floor?* (1)

11 Dessinez ces trois personnes selon la description.
Draw these three people according to the description.

a C'est un vieil homme. Il porte une veste bleue, un pantalon marron, des lunettes roses, des chaussures jaunes et une casquette rouge.

b C'est une jeune fille à la mode. Elle porte un sac rouge, une robe multicolore, des bottes noires et des boucles d'oreille dorées.

c C'est une petite fille de cinq/six ans. Elle porte un maillot de bain noir, des lunettes de soleil noires et un chapeau violet.

A

C

B

12 Lisez ces publicités et remplissez la grille en anglais.
Read these adverts and fill in the grid in English.

pull noir en soie, du 1 au 3 **55€**

gants violets en laine,
S au XL **18€**

pantalon blanc en coton,
du 36 au 42 **35€**

chemisier en viscose beige, du 40 au 46
75€

item	material	colour	sizes available	price

13 Lisez l'e-mail de Cassandre et répondez aux questions en anglais.
Read Cassandre's e-mail and answer the questions in English.

Fichier Edition Affichage Insertion Format Outils Message

Répondre Répondre à tous Transférer

Salut Camille,

Hier j'ai invité mon patron et sa femme à manger: CATASTROPHE!

J'avais préparé une bonne soupe aux pommes de terre mais j'ai mis du sucre au lieu du sel dedans. C'était AFFREUX! En plus, mon patron a fait tomber sa cravate dans sa soupe!

Sa femme portait des vêtements ridicules: un pantalon jaune, des bottes rouges et un t-shirt à fleurs! Ha ha ha!!! Moi, j'avais mal aux pieds parce que mes chaussures étaient trop serrées …

Ils sont partis à 8h30!!! Je crois que je vais perdre mon job. Au revoir, argent de poche!!!

Réponds-moi dès que tu auras ce message!

Bisous

Cassandre

a *Who did Cassandre invite for supper last night?* (1) ____________________

b *What was the soup made of?* (1) ____________________

c *What mistake did she make?* (1) ____________________

d *What happened to the man?* (1) ____________________

e *How was the lady dressed?* (3) ____________________

____

f *Which part of Cassandre's body was hurting and why?* (2) ____________________

____

g *What does she say goodbye to?* (1) ____________________

Grammaire

1 **Trouvez les bons adjectifs dans la colonne d'en face.**
Match the adjectives with the nouns.

> **Ask yourself if the word is:**
> **– feminine/masculine?**
> **– singular/plural?**

a	Un short	violette
b	Une chemise	gris
c	Des chaussettes	bleu
d	Des manteaux	vertes

2 **Écrivez ce qu'il y a dans le panier.**
List what there is in the basket.

une boîte ~~un litre~~ un kilo un paquet une tranche une bouteille

Un/une/des	**quantité**	**de**	**quoi**
un	litre	de	jus d'orange

3 **Trouvez les expressions correspondantes.**
Match the French expressions to the English ones.

> **un pull**
> **une cravate**
> **une chaussette**
> **une écharpe**

To translate 'this' and 'these', use:
ce + masculine singular / *cette* + feminine singular noun
cet + singular noun that starts with a vowel or a silent 'h'
ces + plural noun

a	ce pull	1	*this scarf*
b	cette cravate	2	*these ties*
c	ces cravates	3	*this jumper*
d	ces pulls	4	*these socks*
e	cette écharpe	5	*these jumpers*
f	ces chaussettes	6	*this tie*

À l'oral

You do not have to tell the truth! Make sure you answer 'yes' to most questions and include plenty of verbs and opinions.

1 Qu'est-ce qu'il y a comme magasins près de chez toi?

2 Quel est ton magasin préféré et pourquoi?

3 Est-ce que tu aimes faire les courses?

4 Avec qui fais-tu tes courses?

5 As-tu fait du shopping récemment? Qu'est-ce que tu as acheté?

6 Vas-tu faire du shopping le week-end prochain? Qu'est-ce que tu vas acheter?

7 Qu'est-ce que tu aimes porter?

8 Quelle est ta couleur préférée?

9 Peux-tu décrire ton uniforme scolaire?

10 Fais-moi la description de ton uniforme scolaire idéal.

11 Combien d'argent de poche as-tu par semaine?

12 Comment dépenses-tu ton argent de poche?

VERT 7 En vacances

1 Reliez les pays à leur capitale.
Link up the countries with their capital.

1	La France	a	Washington D.C.
2	L'Angleterre	b	La Haye
3	Le Danemark	c	Rome
4	La Grèce	d	Berlin
5	Les États-Unis	e	Berne
6	L'Italie	f	Paris
7	L'Allemagne	g	Madrid
8	L'Espagne	h	Londres
9	La Suisse	i	Copenhague
10	La Hollande	j	Athènes

2 De quelle nationalité sont-ils? Répondez suivant l'exemple.
What nationality are they? Answer following the example.

Adjectives of nationality don't start with a capital letter. Don't forget the feminine endings.

Exemple: Il est né en Allemagne = il est allemand.
Elle est née en Allemagne = elle est allemande.

a Il est né en France. = ____________________

b Il est né en Angleterre. = ____________________

c Elle est née en Espagne. = ____________________

d Il est né au Portugal. = ____________________

e Elle est née en Amérique. = ____________________

3 C'est quelle saison? Lisez la description.
Which season is it? Read the descriptions.

le printemps	l'été	l'automne	l'hiver

a Il neige et il fait froid. = ____________________

b Il fait chaud et beau. = ____________________

c Les arbres perdent leurs feuilles et il pleut. = ____________________

d Quelquefois il grêle, quelquefois il y a des éclaircies. =
____

4 Regardez la carte de la France et répondez aux questions en français.
Look at the map of France and answer the questions in French.

Le Midi = le Sud

La Bretagne = région de l'ouest de la France

a Quel temps fait-il dans le nord? ______

b Quel temps fait-il dans le Midi? ______

c Quel temps fait-il en Bretagne? ______

d Quel temps fait-il dans l'est? ______

e Quel temps fait-il dans la capitale? ______

5a Lisez la carte postale d'Hugo et dites si les phrases sont vraies ou fausses (ignorez les phrases soulignées pour le moment).
Read Hugo's postcard and decide whether the sentences are true or false (ignore the underlined sentences for the time being).

Chère Mamie,

Je suis arrivé en Allemagne il y a une semaine. La ville où je suis est très jolie. Freudenstadt est dans la Forêt Noire au sud du pays. Il neige souvent. Je porte les gants que tu m'as faits tous les jours!

Cette semaine, j'ai fait du ski et j'ai fait des promenades dans la région. Je t'ai acheté des petits souvenirs. Je loge chez mon correspondant. C'est très confortable. Je m'amuse bien ici.

À bientôt!
Hugo

Mme Malterre
30 rue du poisson
33000 BORDEAUX
France

a Hugo est en Allemagne depuis sept jours. ________

b La ville est belle. ________

c Freudenstadt se situe à l'est. ________

d Il fait froid. ________

e Hugo a fait des sports nautiques. ________

f Il a fait des courses. ________

g Il loge dans un hôtel confortable. ________

h Il passe de bonnes vacances. ________

5b Écrivez une carte postale similaire en changeant les mots soulignés.
Write a similar postcard changing the underlined words.

6 Remplissez la grille en anglais à la page 52.
Fill in the grid on page 52 in English.

a Je suis allé en Espagne avec mes copains. Nous avons joué au volley sur la plage. C'était chouette.

b Ma mère et moi, nous sommes allées en Écosse visiter des châteaux. C'était nul!

c Je suis allée rendre visite à mes grands-parents au Portugal. J'ai aidé à faire la récolte du raisin. C'était difficile.

d Je suis allé chez mon corres hollandais. On a fait beaucoup de vélo. C'était fatigant.

e Je suis allée seule en Autriche camper près d'un lac. C'était super!

country	with whom	activity	opinion
a			
b			
c			
d			
e			

7 **Lisez cette brochure et répondez aux questions en anglais.**
Read this leaflet and answer the questions in English.

Bienvenue à Bavay, cité antique vieille de 2000 ans!

Bavay est le plus grand site gallo-romain au nord de Paris. Cette petite ville se situe dans le département du Nord à environ quatre-vingts kilomètres de Lille.

Bavay, dont le nom vient du latin 'Bagacum', se distingue par son originalité historique.

À voir:

- Le musée archéologique et le site.
- Le musée de la bataille de Malplaquet du 11/09/1709. Cette bataille a eu lieu entre les Français d'un côté et les Anglais et les Espagnols de l'autre.
- Le beffroi et l'hôtel de ville datant du XVIIème siècle et de style espagnol.

Sports et loisirs:

Il y a deux salles de sport et un stade. Vous pouvez pratiquer le football, le tennis, le tir à l'arc ou encore la gymnastique et la danse.

Spécialités:

Bavay doit sa renommée à ses célèbres bonbons 'les chiques'. La bière 'La Bavaisienne' est aussi très appréciée.

a *Where is Bavay situated?* (1)

____

b *How would you describe Bavay?* (1)

____

c *Who did the French fight in the battle of Malplaquet?* (2)

____

d *What dates from the XVIIth century?* (1)

____

e *Name three sports you can practise, apart from football and tennis.* (3)

____

f *What are the two specialities Bavay is famous for?* (2)

____

8 Vous écrivez à un hôtel pour réserver une chambre. Complétez la lettre en écrivant les détails manquants.

You are writing to a hotel to reserve a room. Finish this letter by adding the missing details.

Cher Monsieur,

Je voudrais réserver une chambre pour  ______________ avec 

______________ et  ______________ .

Nous voudrions rester du  ______________ au 

______________ .

Ma femme est handicapée: y-a-t-il un  ______________ ?

Les  ______________ sont-ils admis?

À quelle heure est le  ______________ ?

Je vous prie d'agréer, Monsieur, l'expression de mes sentiments distingués.

Edmond Tristan

9 Trouvez les six fautes dans la conversation. Encerclez-les, puis corrigez les phrases fausses.

Find the six mistakes in the conversation. Circle them, then correct the sentences which are wrong.

– *Allô?*

– Je voudrais réserver une salle de bains s'il vous plaît.

____

– *Oui, pour quel jour ?* ______________

– Lundi 3 juillet. ______________

– *Je regrette, nous sommes contents.* ______________

– Et le mardi 4 juillet? ______________

– *Ça va.* ______________

– Ça coûte comment une chambre avec douche? ______________

– *60 euros.* ______________

– À quelle heure est le petit déjeuner? ______________

– *À 19 heures.* ______________

– D'accord. Je la prends. Mon nom, c'est Jerôme Albert. ______________

– *D'accord. Je vous réserve ça! Au revoir, Monsieur!* ______________

– Bonjour! ______________

10 Lisez le paragraphe qu'Élise a écrit sur ses vacances et répondez aux questions en anglais.
Read the paragraph Élise has written about her holidays and answer the questions in English.

MES VACANCES AUX ÉTATS-UNIS

L'année dernière, je suis allée en Amérique avec mes parents. Nous avons logé dans un hôtel en Floride et nous avons passé une journée à Disneyland. C'était super! Nous avons mangé des hot-dogs et des glaces toute la journée. L'hôtel était très agréable avec vue sur la mer. J'ai dormi dans une chambre avec un lit double: une vraie princesse! Le seul problème, c'était que le petit déjeuner était servi trop tôt: à six heures trente du matin! Il a fait environ trente degrés toute la semaine: quelle chaleur! J'ai bien aimé mes vacances et j'aimerais y retourner avec mes copines quand je serai plus grande.

a *Where did she go last year?* (1)

____

b *How long did she stay in Disneyland for?* (1)

____

c *What did she eat there?* (2)

____

____

d *Give two reasons why she liked the hotel.* (2)

____

____

e *What didn't she like there?* (1)

____

f *What was the weather like?* (1)

____

g *When and with whom is she is hoping to go back some day?* (2)

____

____

Grammaire

1 **Cochez le bon début.**
Tick the correct beginning.

> to say to or in a town, use à
> to say to or in a country, use au (+ masc. country)
> en (+ fem. country)
> aux (+ plural country)

à	au	aux	en	
			✓	France
				Portugal
				États-Unis
				Paris
				Grande Bretagne
				Londres
				Allemagne

2 **Le passé composé avec l'auxiliaire *être*. Traduisez les phrases ci-dessous:**
The perfect tense with the être *auxiliary. Translate the sentences below:*

With the following verbs in the perfect tense, you must use the auxiliary être *(to be):*

naître *(to be born)*	monter *(to go up)*	sortir *(to go out)*
arriver *(to arrive)*	partir *(to leave)*	aller *(to go)*
venir *(to come)*	entrer *(to go in)*	rester *(to stay)*
revenir *(to come back)*	retourner *(to go back)*	tomber *(to fall)*
devenir *(to become)*	mourir *(to die)*	descendre *(to go down)*

je **suis**	nous **sommes**	
tu **es**	vous **êtes**	**+ past participle**
il/elle/on **est**	ils/elles **sont**	

Don't forget the agreements
Exemple: nous sommes arrivé**s**

We (*masc*) arrived. = ______________. He fell. = ______________.

I (*masc*) became. = ______________. They (*masc*) went. = ______________.

They (*fem*) came back. = ______________. We (*fem*) went up. = ______________.

I (*fem*) went out. = ______________. You (tu/*masc*) went in. = ______________.

3 **C'est quel temps: passé composé, imparfait, présent ou futur?**
Which tense is it: perfect, imperfect, present or future?

Il fait beau. ______________ Il fera froid. ______________

Il a neigé. ______________ Il pleuvait. ______________

Il y aura des nuages. ______________ Il fait du brouillard. ______________

Il neigera. ______________ Il pleut. ______________

Il fait mauvais. ______________ Il a fait chaud. ______________

À l'oral

1 Où aimes-tu passer tes vacances normalement?

2 Tu préfères loger à l'hôtel ou camper?

3 Tu préfères aller à l'étranger ou rester en Grande Bretagne?

4 Où es-tu allé(e) l'année dernière?

5 Comment as-tu voyagé?

6 Avec qui es-tu allé(e)?

7 Qu'est ce que tu as fait?

8 Quel temps faisait-il?

9 C'était bien?

10 Où aimerais-tu aller l'année prochaine?

11 Pourquoi?

12 Es-tu déjà allé(e) en France?

8 Bienvenue en France!

1 Trouvez ce que l'on pourrait dire à ces gens.
Find the right things to say to these people.

1 J'ai quinze ans aujourd'hui.
2 Je vais prendre le bateau.
3 Je pars en vacances.
4 Je vais chez mon correspondant français.
5 J'ai un examen.
6 Je vais me coucher car je suis fatiguée.
7 C'est le 31 décembre, il est minuit!
8 C'est ma fête aujourd'hui.
9 C'est le 24 décembre.
10 On est vendredi soir.

a Bonnes vacances!
b Bonne année!
c Bonne fête!
d Bon anniversaire!
e Bon week-end!
f Bonne chance!
g Bon voyage!
h Bon séjour!
i Bonne nuit!
j Joyeux Noël!

2 Ajoutez les lettres manquantes.
Add the missing letters.

a Dans la sal_e de b_ins il y a une do_ch_, une baignoire et un lavab_.

b Dans la s_lle de _éjou_ il y a un _of_ et un fau_eui_.

c Dans la c_am_re il y a un _ _ _, une lam_ _ et un n_ _n_ _rs.

d Dans la _ _ _sine il y a la ma_ _ _ _ _ _ à l_v_ _, le p_acar_ et la _uis_ni_re.

e Dans le bur_ _ _ il y a une c_ _ise et l'_ _di_ _te_ _.

3 Décrivez votre maison à votre correspondant(e) en changeant les phrases soulignées.
Describe your house to your penfriend by changing the underlined sentences.

Je vais te décrire ma maison. J'habite à Savigny, près de Paris. Dans ma maison, il y a sept pièces. En bas, il y a le salon, la cuisine, la salle à manger. En haut, les toilettes, la salle de bains et deux chambres. Ma pièce préférée, c'est ma chambre. Ma maison est vieille et jolie.

4 **Écrivez le nom des pièces dans le plan.**
Write the names of the rooms on the plan of the house.

En bas il y a quatre pièces: un salon, une cuisine, une salle à manger et une salle de jeux. En haut, il y a la chambre des parents, une deuxième chambre, la salle de bains et un bureau.
À l'extérieur, il y a un jardin, des W-C et un garage.

Rez-de-chaussée

la 	la 
le 	la 

Premier étage

la 	la 
la 	le 

Dehors

le 	
le 	les 

5 **Trouvez les expressions correspondantes.**
Find the corresponding expressions.

> ***If you look for key words, you should find this easy! Once you have worked this out, remember to use these expressions in your pieces of work or presentations to show you have a good knowledge of the vocabulary encountered in this topic.***

a maison à six chambres
b maison avec bâtiments extérieurs
c appartement de luxe avec ascenseur
d maison non-mitoyenne de banlieue
e immeuble de banlieue
f pavillon avec grand jardin
g ferme rénovée
h maison de campagne

1 *renovated farm*
2 *block of flats in the suburbs*
3 *bungalow with big garden*
4 *luxury flat with lift*
5 *country house*
6 *house with outside buildings*
7 *six-bedroom house*
8 *detached house in the suburbs*

6 **Trouvez au moins cinq différences entre la vie et les maisons françaises et anglaises selon Hervé (écrivez en anglais).**
Find at least five differences between French and English houses and lifestyle according to Hervé (write in English).

Salut Papa et Maman!

L'Angleterre, c'est super et la ville où je suis est intéressante. La maison de mon correspondant, Neil Moore, est typiquement anglaise. Il y a des fenêtres bizarres mais jolies qu'on appelle 'bay' windows; elles sont très différentes des fenêtres françaises. Je trouve que les jardins sont généralement plus petits ici qu'en France. Il y a de la moquette partout dans la maison alors qu'en France, c'est plutôt du carrelage*. Des fois on mange dans le salon en regardant la télé; en France on mange dans la salle à manger. Le soir, on mange vers 6 heures alors qu'en France, on mange vers 8 heures. Le pain est souvent coupé en tranches: pas de baguette chez la famille Moore! Le matin, Neil met son uniforme. Moi, je garde mon vieux jean et mes baskets!

Vous voyez, c'est différent ici et j'aime plutôt ça! Il y a une chose que je déteste, c'est de voyager en voiture à gauche! J'ai tout le temps peur d'avoir un accident!!!

À bientôt,

Hervé

*carrelage = *tiling*

	ENGLAND	FRANCE
a	______________________	______________________
b	______________________	______________________
c	______________________	______________________
d	______________________	______________________
e	______________________	______________________

7 **Ces choses vont dans quelle pièce?**
Which rooms do these things go in?

lit	W-C	lavabo	armoire	cuisinière
ordinateur	réveil	lave-vaisselle	canapé	baignoire
frigo	four	douche	bureau	chaîne hi-fi

chambre	cuisine	salon	salle de bains

8 **Erica décrit la chambre de sa corres. Dessinez cette chambre.**
Erica describes her penfriend's bedroom. Draw this bedroom.

La chambre de Sarah est petite. Au milieu, il y a un lit pour une personne. Il y a un poster de Robbie Williams sur le mur à côté du miroir et un réveil sur sa table de chevêt*. Les rideaux sont bleus. Sarah a une grande armoire pour ses vêtements. Par terre il y a un tapis.

*table de chevêt = *bedside cabinet*

9 **Maintenant décrivez votre chambre.**
Now describe your bedroom.

a Ma chambre est ______________________

b Les rideaux sont ______________________

c Dans mon armoire, j'ai ______________________

d Dans ma chambre il y a ______________________

e Il n'y a pas de ______________________

f J'ai ma propre chambre / je partage ma chambre avec ______________________

g J'aime / Je n'aime pas ma chambre parce que ______________________

____

10 Logique ou illogique? Cochez les phrases logiques et faites une croix pour les phrases illogiques.
Are these sentences logical or illogical? Tick the logical sentences and put a cross next to the illogical ones.

a La voiture est dans le garage. ______
b Le canapé est dans la cuisine. ______
c Le lit est dans la chambre. ______
d Le lave-vaisselle est dans la salle de bains. ______
e Le vin est dans la cave. ______
f Le fauteuil est dans le salon. ______
g La table est dans la salle à manger. ______
h Les toilettes sont dans la salle de bains. ______
i Le four à micro-ondes est dans les W-C. ______
j L'armoire est dans le jardin. ______

11 Reliez les titres aux types de films ou d'émissions.
Link the titles to the types of films or programmes.

1	Les Simpsons	**a**	un film d'horreur
2	Le Journal de 20 heures	**b**	une émission de sport
3	Nos Amis les Animaux	**c**	un feuilleton
4	Titanic	**d**	les informations
5	Vendredi 13	**e**	un jeu télévisé
6	Inspecteur Morse	**f**	un dessin animé
7	Le Top 50	**g**	une série policière
8	Football: France-Angleterre	**h**	un film d'amour
9	Questions pour un Champion	**i**	une émission de musique
10	Neighbours, série australienne	**j**	un documentaire

12 Lisez les descriptions et écrivez le titre du film ou de l'émission.
Read the descriptions and write the title of the film or programme.

Digimon   Stade 2   Astérix et Obélix   Friends
Elizabeth   Hit machine   Jurassic Park

a C'est un film américain faisant intervenir des dinosaures. ______________________
b C'est une série humoristique qui dépeint la vie de six bons copains.
____
c C'est un dessin animé japonais. ______________________
d C'est un film historique qui raconte l'histoire d'une reine d'Angleterre. ______________________
____
e C'est une émission de sport qui passe le dimanche. ______________________

f C'est une émission de musique où l'on passe des vidéo-clips.

____

g C'est un film français. C'est l'histoire d'un petit village gaulois qui se bat contre les Romains.

____

13 **Lisez cette conversation au restaurant et recréez le dialogue en changeant les expressions soulignées. Utilisez les mots dans la case.**
Read this conversation at the restaurant and rewrite it by changing the underlined expressions. Use the expressions in the box.

une glace au citron / couteau / le menu / un steak au poivre / fourchette / une soupe aux champignons / une tarte aux pommes / un poulet-frites / une soupe aux oignons / le repas est horrible! / du champagne

Le serveur: *Je peux vous aider?*

Madame Lepoint: La carte, s'il vous plaît! ______________________________

Quelques minutes plus tard ...

Le serveur: *Vous avez choisi?*

Monsieur Lepoint: Oui, comme entrée, je voudrais une soupe de poisson. Comme plat principal, une sole meunière et comme dessert, *un café liégeois*. ______________________________

____

Le serveur: *Très bien. Et pour vous, Madame?*

Madame Lepoint: Comme hors-d'œuvre, je voudrais du foie gras, après, des tomates farcies et comme dessert une tarte aux framboises.

____

____

Le serveur: *C'est noté. Et comme boisson?*

Monsieur Lepoint: Une bouteille de vin rouge, s'il vous plaît.

____

Quelques minutes plus tard ...

Madame Lepoint: Garçon!

Le serveur: *Oui, Madame?*

Madame Lepoint: Je n'ai pas de cuillère. Mon mari n'a pas de verre et la soupe est froide! ______________________________

____

Le serveur: *Oh, je suis désolé! Je m'en charge tout de suite!*

Grammaire

1 **Rappel: Écrivez les adjectifs possessifs corrects dans les blancs.**
Revision: Write the correct possessive adjectives in the spaces.

	+ masculine word	+ feminine word	+ plural
my	**mon**	**ma**	**mes**
your (informal)	**ton**	**ta**	**tes**
his or her	**son**	**sa**	**ses**
our	**notre**	**notre**	**nos**
your (formal/many)	**votre**	**votre**	**vos**
their	**leur**	**leur**	**leurs**

a J'aime _________ chambre.

b Tu aimes _________ chambre?

c Elle lit _________ livre.

d Sonia et Raphael écoutent _________ CD préférés.

e Madame Joseph, _________ déjeuner est servi.

f Anne a seize ans. _________ frère a quatorze ans.

g J'aime regarder la télé. _________ émission préférée, c'est *Eastenders*.

Possessive adjectives agree with the noun they describe. When the noun starts with a vowel or a silent 'h', use the masculine form.

2 **Remplissez les blancs en choisissant le bon pronom.**
Fill in the blanks, choosing the right pronoun.

me
te
le/la (l')
nous
vous
les

*Use the pronouns in the box in **bold type** only.*

Exemple: il regarde **un film** = il le_____ regarde.
*he watches **a film** = he watches **it**.*

il regarde ***des films*** = il les_____ regarde.
*he watches **films** = he watches **them**.*

a Il mange une pomme. = Il ______ mange.

b Il adore sa maison. = Il ______ adore.

c Elle achète une boisson. = Elle ______ achète.

d J'écris une lettre. = Je ______ écris.

e J'écoute mes CD. = Je ______ écoute.

f Nous mangeons des frites. = Nous ______ mangeons.

g Elles ont commandé des escargots. = Elles ______ ont commandés.

À l'oral

1 Où habites-tu?

2 Est-ce que tu habites dans une maison ou un appartement?

3 Tu as un jardin?

4 Il y a combien de pièces chez toi?

5 Quelle est ta pièce préférée? Pourquoi?

6 Comment est ta chambre?

7 De quelle couleur sont les murs?

8 Qu'est-ce qu'il y a dans ta chambre?

9 Est-ce que tu partages ta chambre?

10 Est-ce que tu as une télé dans ta chambre?

11 Qu'est ce que tu aimes regarder à la télé?

12 Et au cinéma, quelle sorte de films aimes-tu? Pourquoi?

VERT

9 En bonne forme

1 Regardez cet homme et finissez les phrases pour décrire son état.
Look at this man and finish off the sentences to describe his aches and pains.

> ***Ask yourself: is the noun feminine or masculine? Singular or plural? Does it start with a vowel or a silent 'h'?***

a 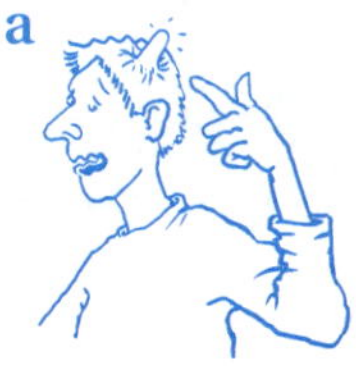
b 
c 

Il a mal:

a à la ________________
b au ________________
c à l' ________________
d au ________________
e au ________________
f au ________________
g aux ________________
h au ________________
i aux ________________

d 
e 
f 

g 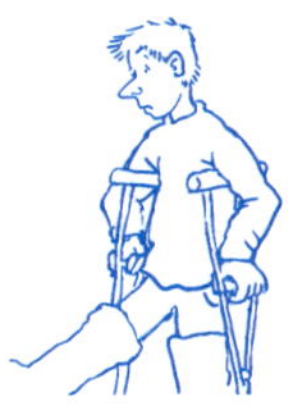
h 
i 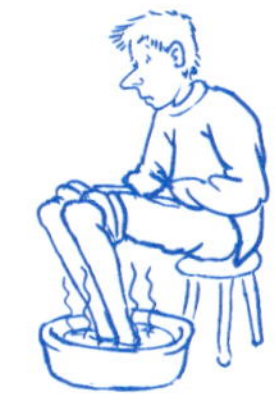

2 C'est quel repas? À quelle heure? Et qu'est-ce qu'on mange? Reliez les mots selon l'exemple.
Which meal is it? At what time? What do you eat then? Link up the words following the example.

a	*Breakfast*	le goûter	à seize heures	un sandwich au jambon
b	*Lunch*	le déjeuner	à dix-neuf heures	une tartine et du café
c	*Snack*	le petit déjeuner	à midi	de la viande et des légumes
d	*Supper*	le dîner	à sept heures trente	une pomme et un biscuit

3 Lisez ces conversations téléphoniques et remplissez la grille ci-dessous en anglais.
Read the telephone conversations and fill in the table underneath in English.

a Bonjour. Virginie Tartemps au téléphone. J'ai mal à la tête. Je voudrais un rendez-vous s'il vous plaît.
Oui, lundi à dix heures quarante-cinq, ça vous va?
Très bien, merci!

b Allô! J'ai mal au ventre. Je peux voir le médecin?
Oui, j'ai un rendez-vous de libre vendredi à onze heures moins vingt.
C'est à quel nom?

c Aïe, Aïe, Aïe! Je me suis foulé le genou!
Le docteur est libre jeudi à quatorze heures cinquante. Ça vous convient?
Oui, à jeudi, merci!

d Allô! Mon bébé a mal aux dents.
Vous pouvez attendre jusqu'à demain?
Oui, oui.
Alors, venez demain, mercredi 12 à seize heures.

	Appointment on which day?	What is the problem?	What time is the appointment?
Conversation **a**			
Conversation **b**			
Conversation **c**			
Conversation **d**			

4 Écrivez maintenant une conversation similaire. Voici les détails: ***sore ear; appointment on Tuesday at 4pm.***
Now write a similar conversation. Here are the details: a sore ear; appointment on Tuesday at 4pm.

5 Trouvez la bonne réponse à ces problèmes.
Find the correct answer to these problems.

1 **Docteur! J'ai mal aux oreilles!**
- a Mettez ce petit chapeau.
- b Je vais vous donner des gouttes.
- c Écoutez! ______

2 **Docteur! J'ai mal à la tête!**
- a Je vais vous donner de l'aspirine.
- b Quelle tête?
- c Voulez-vous du sirop? ______

3 **Je me suis cassé la jambe.**
- a J'appelle une ambulance.
- b Asseyez-vous.
- c Ça va? ______

4 **J'ai mal au cœur.**
- a Avez-vous faim?
- b Avez-vous soif?
- c Qu'avez-vous mangé récemment? ______

5 **J'ai la grippe.**
- a Il fait froid.
- b Restez ici.
- c Reposez-vous. ______

6 Mettez ces expressions dans l'ordre chronologique.
Put these expressions in chronological order.

- a Je me lave. ______
- b Je prends mon dîner. ______
- c Je me couche. ______
- d Je me lève. ______
- e Je fais mes devoirs. ______
- f Je me réveille. ______
- g Je vais au collège. ______
- h Je rentre du collège. ______
- i Je prends mon petit déjeuner. ______
- j Je regarde un peu la télé avant de me coucher. ______

7 Écrivez une phrase sous chaque dessin.
Write a sentence under each picture.

Exemple:

Je prends mon petit déjeuner.

a ______________________

b ______________________

c ______________________

d ______________________

e ______________________

8 Mettez les mots au bon endroit.
Put the words in the right place.

puis mais de … à normalement

a ______________ le week-end, je me lève à neuf heures.

b Je me lave ______________ je m'habille dans la salle de bains.

c Je vais à mon cours de danse ______________ onze heures dix ______________ midi dix.

d Je ne suis pas sportive ______________ j'aime la danse.

9 C'est bon ou mauvais pour la santé? Mettez les mots dans la bonne colonne.
Is it good or bad for your health? Put the words in the right column.

le chocolat 5 kg de saucisses le lait la crème l'alcool les biscuits les pommes les céréales l'eau les bonbons le tabac

Bon pour la santé	Mauvais pour la santé

10 Devinez de quoi on parle. Écrivez ce que c'est en anglais puis en français si vous le savez.
Guess what is being described. Write what it is in English then in French if you know the word.

Exemple: C'est un fruit jaune que les chimpanzés adorent.
A banana/une banane

a C'est une boisson gazeuse marron très sucrée. Ce n'est pas bon pour la santé.

____

b C'est la boisson préférée des bébés! C'est bon pour la croissance.

____

c Ce sont les poules qui produisent cette nourriture. C'est bon en omelette.

____

d C'est quelque chose que l'on fume. Ça donne les doigts et les dents jaunes. C'est très mauvais pour la santé.

____

11 Vrai ou faux ? *Is it true or false?*

- **a** Les oranges sont sources de vitamine C. ______
- **b** Le chocolat est bon pour le ventre. ______
- **c** Les bonbons sont bons pour les dents. ______
- **d** L'eau est bonne pour la santé. ______
- **e** Le poisson est un produit laitier. ______
- **f** Les carottes donnent de beaux yeux bleus. ______
- **g** Les céréales sont sources de fibres. ______
- **h** Le beurre fait grossir. ______

12 Écrivez les numéros de téléphone à contacter dans les cas suivants.
Write the telephone numbers to contact in the following cases.

Services ambulanciers	15	Horloge parlante	10
Sapeurs-pompiers	18	Pharmacie de garde	03 47 65 34 21
Secours en mer	24	Centre anti-poison	19
Police	17	Informations Minitel	3611

- **a** *If you have swallowed some bleach.* ______
- **b** *If you have witnessed a burglary.* ______
- **c** *If you need a chemist urgently.* ______
- **d** *If you need to find the exact time.* ______
- **e** *If you need specific information, such as someone's phone number.* ______
- **f** *If you have just broken your leg.* ______
- **g** *If you think your friends are late from their sailing trip.* ______
- **h** *If your house is on fire.* ______

13 Lisez cette lettre et remplissez les blancs dans le résumé en anglais.
Read the letter and fill in the gaps in the English summary.

À mon avis Jean-Pierre est anorexique. Il ne mange absolument rien de sucré et refuse toujours les sucreries comme le chocolat et les bonbons. Le problème, c'est qu'il refuse aussi le poisson et la viande. Hier il a mangé une carotte et une poire, c'est tout! Comme boisson, pas de coca ou de limonade, seulement de l'eau! La semaine dernière, c'était mon anniversaire et il a mangé une part de gâteau. J'étais content mais en fait il est allé dans la salle de bains et il a vomi! C'est terrible! Quand je lui en ai parlé, il a dit que l'anorexie c'était une maladie pour les filles. Qu'en pensez-vous?
Cyril

Cyril is worried because he thinks his friend Jean-Pierre is ______________. He always refuses to eat food such as ______________ or ______________ but also ______________ or meat. The only thing he drinks is ______________. Jean-Pierre does not believe he is anorexic as he says it a disease for ______________ only.

Grammaire

1 **Choisissez le bon mot pour ces phrases.**
Choose the correct word for these sentences.

> *In French you say 'I have an ache at the hand'.*
> *Remember! Use au + a masc/sing word; à la + a fem/sing word; à l' + a word starting with a vowel or silent 'h'; aux + plural word.*

a J'ai mal __________ main.
b J'ai mal __________ pieds.
c J'ai mal __________ jambe.
d J'ai mal __________ genou.
e J'ai mal __________ estomac.

2 **Mettez le bon pronom réflexif.**
Write the correct reflexive pronoun.

> Je me lave = *I wash (myself)*
> Tu te laves = *you wash (yourself)*
> Il/elle se lave = *he/she washes (himself/herself)*
> Nous nous lavons = *we wash (ourselves)*
> Vous vous lavez = *you wash (yourselves)*
> Ils/elles se lavent = *they wash (themselves)*

> *Be careful! In front of a vowel or a silent 'h' the me becomes m', the te becomes t' and the se becomes s'.*

a Je __________ lave.
b Nous __________ regardons dans le miroir.
c Elles __________ habillent.
d Vous __________ couchez.
e Elles __________ brossent les dents.
f Il __________ est fait mal.
g Tu __________ es levé tard.
h Nous __________ sommes couchés à 10h00.

3 **Expressions avec *avoir*: traduisez ces phrases en français.**
Translate these sentences into French using expressions with avoir.

> *These are the expressions used, although not in this order:*
> *avoir peur/avoir faim/avoir envie/ avoir mal/avoir soif/ avoir raison/avoir froid/avoir tort/avoir chaud/avoir + age.*

j'ai	nous avons
tu as	vous avez
il/elle a	ils/elles ont

a *I am hot.* ______________________
b *He is cold.* ______________________
c *She is eighteen.* ______________________
d *We are hungry.* ______________________
e *They are thirsty.* ______________________
f *You* (vous) *are sore.* ______________________
g *You* (tu) *are right.* ______________________
h *He is wrong.* ______________________
i *I am frightened.* ______________________
j *We feel like …* ______________________

À l'oral

1 Comment ça va aujourd'hui?

2 À quelle heure t'es tu levé(e) aujourd'hui?

3 À quelle heure te lèves-tu normalement?

4 À quelle heure prends-tu le petit déjeuner?

5 Qu'est-ce que tu manges normalement?

6 Où manges-tu à midi?

7 Quel est ton repas préféré?

8 Qu'est-ce que tu n'aimes pas manger?

9 Est-ce que tu penses que la nourriture de la cantine est bonne pour la santé?

10 Qu'est-ce que tu fais pour garder la forme?

11 À quelle heure rentres-tu du collège normalement?

12 À quelle heure te couches-tu normalement? Et ce soir, à quelle heure vas-tu te coucher?

VERT

10 Le transport

1 Quels sont logiquement les moyens de transport utilisés pour ces destinations?
What logical means of transport would you use to reach these destinations?

1 En France
2 Au collège, à 5 km
3 Aux États-Unis
4 Chez mon copain, à 2 km
5 À la poste du coin
6 Au Pays de Galles

a en avion
b à pied
c en vélo
d en car
e en autobus scolaire
f en bateau

2 Dessinez les symboles ci-dessous à côté de l'expression correcte.
Draw the following symbols next to the correct expression.

a au rond-point ☐
b traversez ☐
c le premier ☐
d à gauche ☐
e le coin ☐
f à droite ☐
g le pont ☐
h les feux ☐
i tout droit ☐
j le carrefour ☐

3 Trouvez le bon verbe.
Find the correct verb.

a tournez
b montez
c allez
d traversez
e descendez
f prenez
g marchez pendant
h continuez
i arrêtez-vous
j passez devant

1 cross
2 take
3 go past
4 go
5 turn
6 go up
7 stop
8 go down
9 walk for
10 continue

4 Faites correspondre les phrases et les images.
Match up the sentences with the pictures.

a 

b 

c 

1 Pour aller chez Pauline, passez sur le pont, prenez la première rue à gauche puis marchez pendant cinq cents mètres jusqu'aux feux. La maison est au coin à droite.

2 La maison de David? Passez par le pont. Ce n'est pas loin. Allez jusqu'au carrefour. Descendez jusqu'aux feux. C'est à cinq cents mètres sur la droite.

3 Pour venir chez moi, c'est facile. Passez par le pont. Tournez à gauche puis prenez la troisième rue à droite. Allez jusqu'aux feux. C'est sur le coin à gauche.

5 Maintenant faites votre propre explication. Utilisez les dessins suivants.
Now write your own explanation using the following drawings.

6 À la gare. Qu'est-ce qu'on fait là?
At the station. What do you do in these places?

a	la salle d'attente	1	on y achète un sandwich
b	le buffet	2	on y achète un magazine
c	le composteur automatique	3	on y achète un billet
d	la cabine téléphonique	4	on arrive par là
e	le quai	5	on quitte la gare par là
f	le kiosque	6	on laisse ses bagages là
g	la consigne	7	on attend là
h	le guichet	8	on y téléphone
i	l'entrée	9	on composte son billet là
j	la sortie	10	on attend le train là

7 Écrivez le nom des salles dans le plan.
Label this map in French.

À l'aéroport

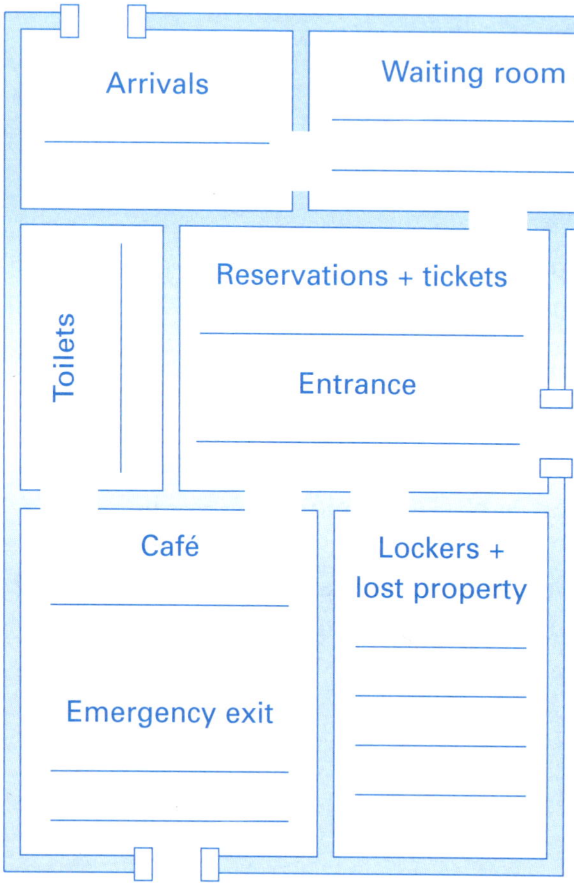

> **Arrivals = *arrivées***
> **Departures = *départs***
> ***You will find most of the words you need in the previous exercise: don't forget that you need to build up a good knowledge of French vocabulary to be successful in the exam. Learn all these words as soon as you come across them and don't forget to transfer them from topic to topic and from skill to skill (i.e. you might use these words again in the topic of holidays or in another skill such as the listening).***

8 Lisez ce dialogue et dites si les phrases suivantes sont vraies ou fausses.
Read this dialogue and say if the following sentences are true or false.

– Bonjour, Madame. Le train à destination de Paris part à quelle heure?
– *Le 9473 part à dix-sept heures vingt-huit, Monsieur.*
– Et le prochain?
– *Il y a des trains toutes les quarante-cinq minutes.*
– Je voudrais un aller-retour Nantes-Paris s'il vous plaît.
– *En première ou en deuxième classe?*
– En deuxième classe.
– *Fumeurs ou non-fumeurs?*
– Non-fumeurs.
– *Oui, ça fait 55 euros s'il vous plaît.*
– Je peux payer par carte de crédit?
– *Bien sûr, Monsieur.*
– Le train part de quel quai?
– *Quai treize.*
– Il y a un distributeur de boissons par ici?

Non, mais il y a un café dans la salle d'attente.
Il y a un buffet dans le train?
Oui, Monsieur.
Merci bien!
Je vous en prie. Bon voyage!

a *The 9473 arrives at 17h28.* ___________

b *The man wants a single ticket.* ___________

c *There are trains every hour.* ___________

d *The man is travelling from Rennes to Paris.* ___________

e *He wants to travel second class.* ___________

f *He probably smokes.* ___________

g *He wishes to pay by credit card.* ___________

h *The train leaves from platform 30.* ___________

i *There is no drinks machine in the station.* ___________

j *You can have a drink on the train.* ___________

9 Accidents et incidents: trouvez la bonne image qui décrit les faits suivants.
Accidents and incidents: find the right picture to describe the following facts.

a Ma voiture est tombée en panne sur l'autoroute.

b Un camion a percuté une voiture en stationnement.

c Un motocycliste a dérapé sur une plaque de verglas. Il neigeait depuis deux jours.

d Un tracteur a ralenti la circulation: il fallait attendre patiemment.

e Un enfant a été renversé par une voiture: il ne marchait pas sur le trottoir.

f Mon pneu a crevé. Boum!!!

g Le camion a pris feu. Les pompiers sont arrivés immédiatement.

h Un autobus scolaire a eu un accident: 10 collégiens sont blessés.

i Le moteur de l'avion s'est arrêté au décollage.

j L'embouteillage était sur 5 kilomètres.

10 Lisez la lettre et répondez aux questions en anglais.
Read the postcard and answer the questions in English.

Cher Papa,

Me voici enfin arrivée à Lyon après un voyage très difficile. J'ai eu plein de problèmes: à Paris, j'ai oublié de composter mon billet parce que je bavardais avec une copine. Je suis très distraite, tu sais! J'ai dû payer un supplément.

Après, le train a pris du retard en route. Je suis arrivée une demi-heure en retard à Lyon!

Il y avait trop de monde dans le train et j'ai laissé ma place à une vieille dame. Je suis restée debout pendant tout le trajet et maintenant j'ai mal aux jambes!

Mes bagages étaient trop lourds (30 kilos!) et j'ai aussi très mal au bras et aux épaules ...

Bref, tout va mal! En plus, tu me manques, mon petit Papa chéri!

Téléphone-moi vite!

Gros bisous

Manon

Monsieur Crouet

7 avenue Du Croquet

59 170 Croix

In a reading comprehension, always check how many points are allocated to each question and answer accordingly.

a *Where is Manon now?* (1)

b *What did she forget to do in Paris?* (1)

c *Why?* (1)

d *What were the consequences?* (1)

e *How late was the train when it eventually arrived?* (1)

f *Who did she give her seat to?* (1)

g *Where is Manon sore?* (3)

h *How would you define her mood: excited/angry/feeling sorry for herself?* (1)

11 Lisez cette autre carte postale et écrivez votre propre carte postale en changeant les détails soulignés.

Read this other postcard and write your own, changing the underlined expressions.

Chers parents,

Me voici à Lyon où il pleut. J'ai voyagé en avion. C'était super. Le voyage a duré deux heures.

Je loge dans un hôtel. Ça se trouve dans un carrefour en plein centre-ville.

C'est très bien ici!

A bientôt!

Karim

Monsieur et Madame Sad

Le Champ Mignon

75005 Paris

12 Trouvez l' intrus.

Find the odd one out.

a avion, voiture, maison, vélo.

b pistes cyclables, rues piétonnes, parkings souterrains, aller-retour.

c première classe, dernier de la classe, deuxième classe, troisième classe.

d à bientôt, à gauche, à droite, tout droit.

e aux feux, en voyage, sur le pont, au carrefour.

f le bruit, les émissions de gaz, les embouteillages, les vélos.

g descendez, écoutez, tournez, allez.

h le déjeuner, la consigne automatique, le guichet, le quai.

i à mon avis, je pense que, j'aime, selon moi.

j voyage, trajet, route, journée.

Grammaire

1 Rappel: C'est à la/au/ à l'/aux?
Revision: Is it à la/au/à l'/aux?

a Pour aller __________ aéroport?

b Pour aller __________ collège?

c Pour aller __________ mairie?

d Pour aller __________ magasins?

e Je vais __________ Danemark.

f Je vais __________ États-Unis.

g Je vais __________ Bahamas.

h Je vais __________ Pays de Galles.

To the = **à la** + *fem/sing*
au + *masc/sing*
à l' + *word starting with a vowel or silent 'h'*
aux + *plural*

Pays de Galles *looks like a plural but it is in fact singular* **(le pays).**

2 Réécrivez les phrases en ajoutant *y*.
Write the sentences again adding y.

a Je vais au cinéma. __________

b Je travaille à la banque. __________

c Pour aller à l'aéroport? __________

d Je mange à la cantine. __________

e Je descends à la gare. __________

Y *stands for 'there'.*
Je travaille au supermarché = j'y travaille.
I work in the supermarket = I work there.
Because **y** *is treated as a vowel,* **je** *becomes* **j'**.

3 Choisissez un mot dans la case ci-dessous. Ensuite traduisez les phrases.
Choose one word from the box below. Then translate the sentences.

quai	train
avantages	heure

Think about the meaning and the context:
quel *goes with a word that is masc/sing;*
quelle *goes with a word that is fem/sing;*
quels *goes with a word that is masc/pl;*
quelles *goes with a word that is fem/pl.*

a Quelle __________ est-il? = __________

b Le train part de quel __________? = __________

c Vous prenez quel __________? = __________

d Quels sont les __________ des transports en commun? = __________

____

À l'oral

1 Comment vas-tu au collège le matin?

2 Tu habites loin du collège?

3 Quand tu vas faire les magasins, comment y vas-tu?

4 Est-ce que tu aimes faire des promenades à pied?

5 Fais-tu beaucoup de vélo?

6 Quel est ton moyen de transport préféré?

7 As-tu déjà pris l'avion?

8 Où es-tu allée l'année dernière pendant les vacances?

9 Comment as-tu voyagé?

10 Combien de temps le voyage a-t-il duré?

11 Que penses-tu des transports en commun là où tu habites?

12 Que penses-tu de la circulation en ville?

Heinemann Educational Publishers,
Halley Court, Jordan Hill, Oxford, OX2 8EJ
Part of Harcourt Education

Heinemann is the registered trademark of
Harcourt Education Limited

First published 2001

06 05 04
10 9 8 7 6

A catalogue record is available for this book from the
British Library on request.

ISBN 0 435 38034 6

Designed and typeset by Ken Vail Graphic Design

Illustrated by Graham-Cameron Illustration (Sarah Wimperis),
Celia Hart and Sylvie Poggio Artists Agency (James Arnold,
Nick Duffy).

Printed and bound in UK by Thomson Litho Ltd

ISBN 0-435-38034-6
9 780435 380342 >